米中台
現代三国志

近藤伸二

勉誠出版

[扉写真]
the White House
https://www.whitehouse.gov/
台湾総督府
http://www.president.gov.tw/

はじめに

動き出した米中台

二〇一六年から二〇一七年にかけて、米国・中国・台湾を取り巻く状況が大きく変化している。まず台湾で二〇一六年五月、台湾の主体性を重視する民主進歩党（民進党）の蔡《さい》英文《えいぶん》政権が発足した。二〇一七年一月には、「米国第一」を掲げる共和党のドナルド・トランプ政権が始動した。同年秋には、中国共産党（共産党）の全国代表大会（党大会）が開かれ、習近平《しゅうきんぺい》政権は一〇年間の折り返し点を迎えて二期目に入る。党内で権威を高めた習総書記は、大胆な改革を断行するとの見方が強い。

蔡英文（台湾総統府新聞與活動より）

民主社会では、政権が交代すれば、政策も大幅に変わる。特に、二大政党制が確立している台湾と米国はその傾向が顕著だ。台湾では、中

習近平（台湾総統府新聞與活動より）

台融和路線を進めた中国国民党（国民党）の馬《ば》英九《えいきゅう》総統の後を継いだ蔡英文総統が、中国と距離を置く姿勢に転じた。中国は台湾との対話を打ち切り、台湾の友好国切り崩しなど報復措置に乗り出し、中台関係は緊迫の度を増している。

トランプは二〇一六年一二月、中国への配慮から歴代の米大統領が就任前も含めて控えてきた台湾総統との電話会談に踏み切った。メディアに対しても「一つの中国」政策の見直しを示唆するなど、米中台関係を激しく揺さぶった。トランプは結局、「一つの中国」政策を堅持する方針を確認したが、蔡英文は必要なら再びトランプと電話会談することもあり得ると述べている。リーダーが代われば、中国が絶対に譲歩できない「核心的利益」と位置付ける「一つの中国」の原則さえも覆される可能性があることが明らかになった。

鍵を握る「一つの中国」巡る攻防

中台関係はこれまでも双方の出方に加え、米国の関与の仕方に左右されてきた。米中台関係は台湾海峡の平和と安定の土台であり、これが崩れると、東アジア全体が混乱に陥る。トランプ大統領の誕生や英国の欧州連合（ＥＵ）離脱決定など自国中心主義が世界に広がるこの時期に、蔡英文、習近平、トランプという役者がそろったことで、米中台関係はどのように展開していくのだろうか。ここで鍵を握るのが、「一つの中国」に関する米中台の主張や立場である。

米国は「一つの中国」を受け入れているものの、その内容は中国の主張とは異なる。この構図は、日本と中国の間にも当てはまる。だが、中国は活発な外交工作によって、自国の立場を国際社会に浸透させてきた。米歴代政権は人権・民主と経済の板挟みになり、台湾寄りと中国寄り路線の間で揺れ動いてきたのが実情だ。

一方で、中国は台湾に対しては、「一つの中国」が自らの「中華人民共和国」を意味するのか、台湾が名乗る「中華民国」を指すのか、あえて曖昧にしている。国際社会には『一つの中国』とは中華人民共和国である」と大々的に宣伝しているが、そう言い切られてしまうと台湾は対話に応じる余地がなくなってしまうため、わざと使い分けているのだ。しかし、これも台湾が国民党政権であってこそ通用する駆け引きであり、現政権与党の民進党は「一つの中国」の原則そのものを認めていない。本書はそうした「一つの中国」を巡る攻防を軸に、米中台関係を描き出している。

習近平の「台湾観」と蔡英文の「中国観」

もう一つ、米中台関係を見ていく上で重要になるのが、習近平の「台湾観」と蔡英文の「中国観」である。習は台湾の対岸の福建省に一七年間も勤務し、台湾人の知人が多く、台湾に対する理解が深いと言われる。だが、その割に、習がどんな台湾人と交流し、どのような台湾政策を打ち出してきたのかはあまり知られていない。本書は、習の公式談話を分析するとともに、私自身が習と親しい台湾人や台湾の中国専門家にインタビューすることで、その「台湾観」に迫っている。

これに対し、蔡英文の「中国観」は、台湾の対中交流窓口機関の訪中団の一員として中国と協議したり、政府の責任者として対中政策を指揮したりして、中国と渡り合う中で培われてきた。こうした行跡をたどりながら、蔡の部下として仕えるなど間近で見てきた人物への取材を通して、その「中国観」を浮かび上がらせている。

さらに、私は本書を執筆するに当たって、台湾が実効支配する金門島と中国福建省の平潭島を訪れた。金門島はかつて中台砲撃戦の舞台となり、平潭島では中国が台湾侵攻を想定した軍事演習を行った。いずれも一つ間違えば中台の本格的な武力衝突に発展してもおかしくなかった危機だったが、それを抑えてきたのが米国である。この二つの島は、米中台関係を象徴する現場なのだ。

現代版「三国志」

金門島、平潭島とも、現在は経済や観光面で中台交流の拠点となっている。その第一歩となった金門島と福建省アモイ間などの「小三通」（交通、通信、通商の直接交流）を主導して二〇〇一年に実現させたのが、当時、対中政策を主管する台湾行政院（内閣）大陸委員会の主任委員を務めていた蔡英文だった。そして、中国側で受けて立ったのが、福建省長だった習近平である。新聞社の台北特派員だった私は、二人がそれぞれ開いた記者会見に出席し、台湾と中国の運命のぶつかり合いを肌で感じた。

ともに四〇歳代だった時に、「小三通」を巡って静かな火花を散らした蔡英文と習近平は今、互いの威信をかけて、負けられない勝負を演じている。そこに、際立つキャラクターのトランプが参入して三つ巴の戦いを繰り広げる様子は、現在進行中の「三国志」のようだ。

それではこれより、戦後から現在に至る米中台関係をひもときながら、新しい「三国志」の世界に入って行こう。

【台湾海峡周辺図】

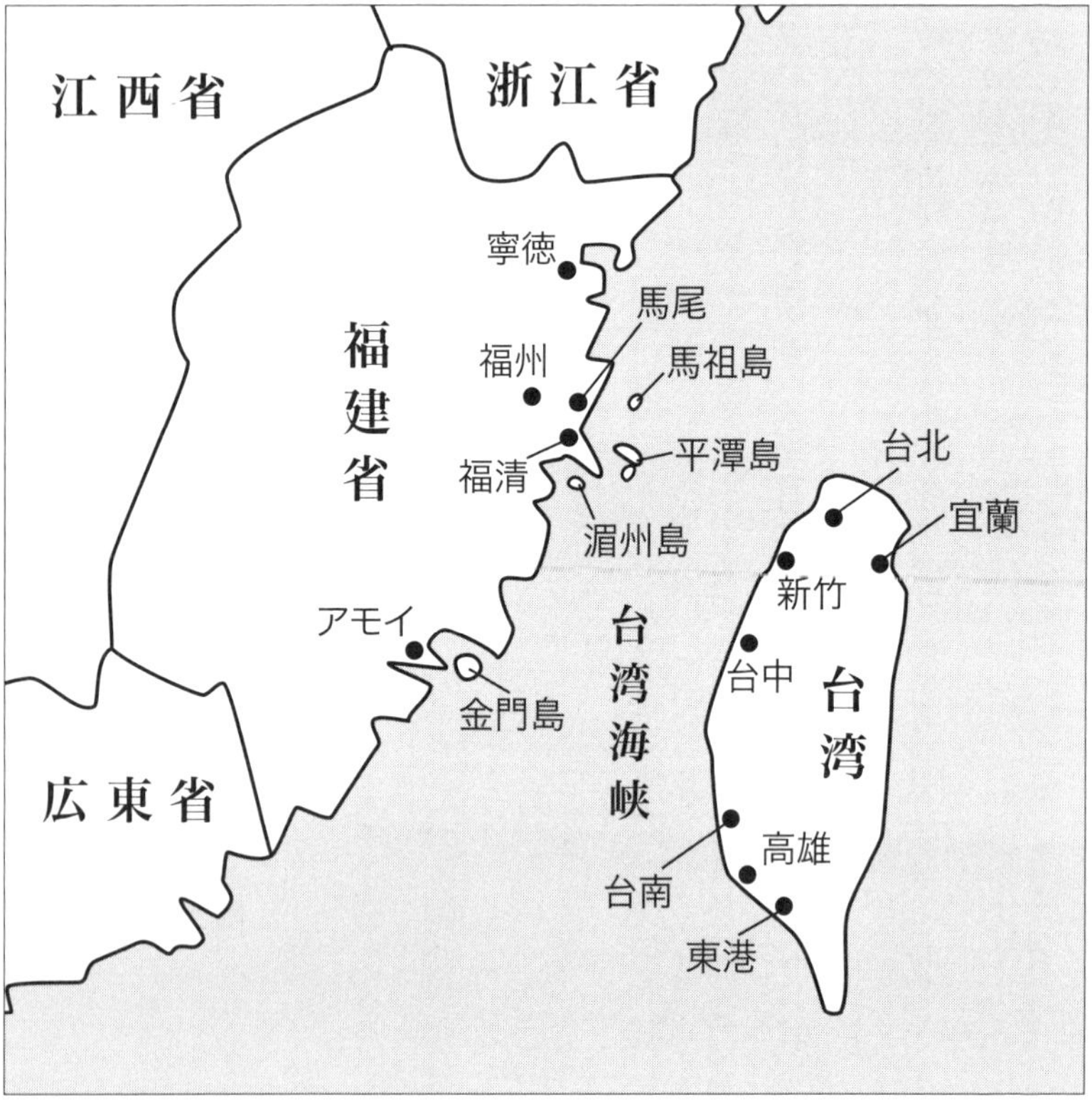

江西省
浙江省
福建省
広東省
寧徳
馬尾
福州
馬祖島
福清
平潭島
湄州島
アモイ
金門島
台湾海峡
台北
宜蘭
新竹
台中
台湾
高雄
台南
東港

米中台　現代三国志　目次

V　台湾から見た習近平

VI　中国の対台湾政策

Ⅶ　蔡英文が対峙する「中国」

I　「一つの中国」を巡る攻防

一　ついに崩れた厚い壁

1.　トランプが繰り出した「台湾カード」

断交以来初の電話会談

二〇一六年一二月二日、衝撃のニュースが世界を駆け巡った。米国のトランプ次期大統領が台湾の蔡英文総統と電話会談を行ったのである。「一つの中国」政策を掲げる米国の大統領が、就任前を含め台湾総統と直接対話したのは、一九七九年の米台断交以来、初めてのことだ。

トランプ政権移行チームや台湾総統府の発表によると、電話会談は一〇分以上に及び、蔡英文がトランプに一一月の大統領選挙勝利の祝意を伝え、トランプも五月の蔡の総統就

ドナルド・トランプ大統領（the WHITE HOUSE History & Grounds より）

任を祝った。両者は米台の緊密な経済、政治、安全保障関係を確認し、アジア地域情勢について意見交換した。さらに、蔡は台湾が国際的な課題に関する議論に参加する機会を持てるよう、米国に支持を求めた。

　米メディアが電話会談について「中国との対立を煽る」などと否定的に速報すると、トランプはツイッターに「米国は台湾に数十億ドルの武器を売却しているのに、祝福の電話を受けるべきではない、というのは興味深い」と皮肉たっぷりに書き込んだ。さらに、トランプは一二月一一日、米『FOXテレビ』のインタビューで、「なぜ『一つの中国』に縛られなくてはならないのか」と、伝統的な米国の政策に疑問を投げ掛けた。

　二〇一七年一月二〇日の大統領就任直前にも、トランプは米紙『ウォール・ストリート・ジャーナル』の取材に対し、中国が為替や通商面での譲歩に応じない場合は、「一つの中国」政策も含め、「全てが協議の対象となる」と改めて見直しの可能性に言及した（電子版、二〇一七年一月一三日）。

中国海軍が米台を牽制

これに対し、中国は、トランプと蔡英文の電話会談が明らかになった時は強く反発しながらも、トランプに対する批判は抑制し、「台湾側の小細工に過ぎない」（王毅《おうき》外相）と台湾非難に力点を置いた。しかし、トランプが「一つの中国」政策見直しの可能性を口にするようになると、米国と台湾を牽制する動きに出る。

その役割を担ったのは中国海軍だった。まずは二〇一六年一二月一五日、フィリピン沖の南シナ海で米海軍の無人水中探査機を奪い、五日後の二〇日に返還した。

同じ二〇日には、空母「遼寧」が母港の山東省青島の基地を出発し、沖縄本島と宮古島の間を抜けて西太平洋に進出した後、台湾とフィリピンの間のバシー海峡を通って南シナ海に入った。二〇一七年の年明けに、南シナ海で艦載機の発着訓練を行うと、台湾海峡を北上して一月一三日、青島の基地に戻った。

この「遼寧」の航行について、中国外務省の劉振民《りゅうしんみん》次官は、予定された訓練の一環であると強調し、「台湾海峡は（中国）大陸と台湾が享受する国際水路であり、『遼寧』が訓練過程で通過するのは正常だ」と述べた（『毎日新聞』二〇一七年一月一二日朝刊）。だが、「遼寧」は中国が防衛ラインとする「第一列島線」（九州、沖縄、台湾、フィリピンを結んだライン）を越えて太平洋に出て、台湾をぐるりと一周する航路をたどっている。台湾海峡有事を想定し、中国大陸から離れた海域での展開能力を米国と台湾に見せつけるのが狙いだったとみられる。

また、トランプの「一つの中国」政策見直し示唆発言について、中国国務院（政府）で台湾政策を主管する台湾事務弁公室（国台弁）の安峰山《あんほうさん》報道官は「台湾問題は中国の主権と領土統一に関わる『核心的利益』で、『一つの中国』の原則を堅持することは、米中間の政治的基礎であり、台湾海峡の平和と安定の礎石だ。もし、それが妨害されたり破壊されたりすれば、中米関係の発展や台湾海峡の平和と安定は重大な衝撃を受けるだろう」と警告し、台湾問題では一歩たりとも譲歩しない姿勢を鮮明にした（台湾紙『聯合晩報』電子版、二〇一六年一二月一四日）。

台湾は慎重姿勢

一方、台湾からすれば、蔡英文とトランプの電話会談で、米歴代政権が一九七〇年代以降、金科玉条のように守ってきた「一つの中国」政策という厚い壁を、一部ではあるが、ついに崩したことになる。してやったりの快挙には違いないのだが、総統府の黄重諺《こうじゅうげん》報道官はトランプの「一つの中国」政策見直し示唆発言についての論評は控え、「台湾がより多くの国際活動に参加できるような各国の政策変更につながるなら歓迎する」と述べるにとどめた（台湾『中央通信社電』二〇一六年一二月一二日）。

蔡英文も二〇一六年末の内外メディアとの懇談で、トランプ政権の「一つの中国」政策見直しについて、「米国が決めること」と直接のコメントを避けた。台湾側がこのように慎重な姿勢に終始したのは、トランプが台湾問題を中国との取引材料に使うのではないかとの疑念が拭い切れなかったためだろう。

トランプは大統領選挙戦中から、中国を為替操作国に指定し、中国製品に四五％の輸入関税をかけると主張するなど、中国を揺さぶってきた。「一つの中国」政策についても、維持していくかどうかは中国の対応次第だと強調し、「台湾カード」で中国から譲歩を引き出そうとする意図を隠していなかった。ビジネス界出身者らしい駆け引きではあるが、米中間で何らかの取引が成立すれば、台湾の利益が犠牲にされる恐れがあった。こうした状況に、台湾内でも「国際政治の取引カードにされれば、台湾の地位や前途は自分ではどうすることもできず、（米国や中国という）大国によって決められてしまう」（台湾紙『中国時報』電子版、二〇一六年一二月一四日）と先行きを不安視する見方が強まった。

トランプ就任三週間で「一つの中国」堅持に逆戻り

「一つの中国」政策を巡り、米中間で丁々発止の駆け引きが演じられるかと思われた中、トランプは二〇一七年二月九日、中国国家主席の習近平と電話会談し、「一つの中国」政策を堅持する方針を表明した。習はこれを称賛し、「『一つの中国』の原則は中米関係の政治的基礎だ」と応じた。大統領就任後三週間で、トランプが中国に歩み寄ったことに、中国共産党機関紙『人民日報』海外版は一面のコラムで「『一つの中国』の原則を離れて、どうして中米関係は安定的な発展ができるだろうか。台湾問題をうまく処理している間は、中米関係は順調で、そうでない時期には、両国関係は波乱やトラブルが絶えなかった。トランプ大統領が自ら『一つの中国』政策の堅持を表明したことは、称賛に値する」と余裕たっぷりに論じた（電子版、二〇一七年二月一一日）。

一方、台湾総統府の黄重諺報道官は「米国とは密接な連絡と意思疎通を続けている」と明かし、米台関係の緊密さを強調した。「米国とは『意外性ゼロ』のやり方も維持している」とも指摘し、トランプの「一つの中国」政策堅持表明を事前に知らされていた可能性をほのめかした（台湾紙『聯合報』電子版、二〇一七年二月一〇日）。

一連の経緯からすると、トランプが「一つの中国」を取引材料にしようとしたものの、中国の頑強な抵抗に遭い、仕方なく引っ込めたように見える。『聯合報』は社説で「（中国に対して）尊大だったトランプ大統領が、習近平国家主席との電話会談では腰が低くなった。蔡英文総統はこれについて深刻に考えなければならない。巨像が動けば、誰かが踏みつけられてけがをするものだ」と、大国に翻弄される危険性について警戒心を示した（電子版、二〇一七年二月一二日）。

ただし、トランプは習近平に対し、「honor our "one China" policy」、つまり「我々（米国）の『一つの中国』政策を尊重する」と述べている（The White House Office of the Press Secretary For Immediate Release「Readout of the President's Call with President Xi Jinping of China」二〇一七年二月九日）。トランプが「我々（米国）の」とわざわざ断ったのはなぜか。その意味を見てみよう。

2．歴代米政権の対台湾政策

中国の主張する「一つの中国」

「一つの中国」は過去四〇年以上にわたって米中台を縛ってきたが、その内容は米中台でそれぞれ異なる。中国が主張する「一つの中国」の原則とは、①世界で中国はただ一つ、②台湾は中国の領土の不可分の一部、③中華人民共和国政府は全ての中国人民を代表する合法政府――という三つの要素から成る（福田円『中国外交と台湾』慶應義塾大学出版会）。

中国がこの原則にこだわるのは、国共内戦に敗れて一九四九年一二月、台湾に逃げ込んだ蔣介石《しょうかいせき》率いる国民党政権が「中華民国（国民党政権）こそ中国を代表する正統政権」と訴えてきた経緯があるからだ。

毛沢東《もうたくとう》をリーダーとする共産党は、一九四九年一〇月に中華人民共和国を設立した。双方は台湾海峡を隔てて対峙するようになったが、その状態が冷戦構造に組み込まれて固定化された。中華民国も中華人民共和国も略称は「中国」であり、「二つの中国」が正統性を争う形になったのだ。

ところが、一九八〇年代後半以降、一方の当事者である中華民国＝台湾で民主化が進むにつれて、「台湾は台湾であり、中国とは別個の存在」という台湾人意識が強まり、「中国の正統政権」の看板を下ろすようになった。現在の与党・民進党は「一つの中国」の原則を否定している。野党・国民党は「一つの中国」を認めているが、「中華人民共和国政府は全ての中国人民を代表する合法政府」との言い分には同意していない。このため、中国は台湾に向かっては、この部分をあえて曖昧にしているのだが、これについては後述する。

台湾の情勢が変化したとはいえ、中国にとって「一つの中国」は絶対に譲れない原則である。だが、これはあくまで中国の主張であって、他国が認めるかどうかは別問題だ。だから、中国は各国がこの原則を認めるよう、なりふり構わず外交工作を繰り広げてきた。とりわけ、国際社会で最大の影響力を持つ米国がこの原則を受け入れるかどうかは、中国にとっては死活的に重要である。

ニクソン時代に大転換

米国は国共内戦で国民党を支援し、戦後も台湾にある中華民国と国交を結んできた。その対台湾政策を大きく転換したのが、共和党のリチャード・ニクソン政権だ。対ソ連やベトナム戦争対策への必要性から中国との関係改善を決断したニクソン大統領は、一九七二年二月に中国を電撃訪問し、米中共同の「上海コミュニケ」を発表した。その中で「米国は台湾海峡両岸の全ての中国人が、中国はただ一つであり、台湾は中国の一部であると主張していることを認識する。米国政府はこの立場に異議を唱えない」と宣言した。

さらに、民主党のジミー・カーター政権は一九七八年一二月に発表した「国交樹立に関するコミュニケ」で「米国は中華人民共和国政府が中国の唯一の合法政府であることを承認する」とうたい、「中国はただ一つであり、台湾は中国の一部であるという中国の立場を米国は認識する」と表明した。それに基づいて、一九七九年一月、中国と国交を樹立し、台湾と断交したのである。「上海コミュニケ」では、米国は「台湾海峡両岸の全ての中国人が、中国は一つであると主張している」という事実の認識にとどまっていたが、「国交樹立に関するコミュニケ」では、中国の立場の認識へと一歩踏み込んだ。

しかし、カーター政権は、あくまで中国の立場を「認識（acknowledge）」しただけであって、米国がそれに同意したわけではないと説明している。中台の将来は双方が話し合って平和的に決めるべきで、米国は台湾の主権に関して特定の立場を取らない、というのが基本的な方針だ。一方、中国は「acknowledge」を中国語で「承認」と訳し、自らの立場を訴えていった。

このように、米国は「一つの中国」を受け入れたものの、その中身は中国の原則と同じではない。だが、こうした「一つの中国」を巡る微妙な解釈は、一般の人々には分かりにくいし、実際の外交は関係国の国力や国益に左右される。中国が存在感を増すにつれ、国際社会で中国の主張が浸透していき、米国内でも「中国はただ一つであり、台湾は中国の一部である」という中国の立場を米国が正式に認めたと思い込んでいる人が多いのが現実だ。それは他の国々でも同じであり、多くの国が「一つの中国」政策を取っていることで、台湾は国際連合（国連）などの国際機関から締め出されてきた。世界貿易機関（WTO）やアジア太平洋経済協力会議（APEC）など経済関連の国際機関には加盟しているものの、主権国家としてではなく、「経済体」という位置付けである。

「台湾関係法」で武器売却を保証

台湾との断交に米議会から批判が高まったため、カーター政権は台湾との関係を規定する米国内法の「台湾授権法」案を議会に提出した。米議会はそれには納得せず、大幅に修正して「台湾関係法」として成立させた。この法律は「米国と台湾の間の通商、文化その他の諸関係の継続を承認することにより、米国の外交政策を促進する」と定めており、これに基づいて、現在も米国は外交関係のない台湾と緊密な民間交流を続けている。

また、同法は「平和的手段以外によって台湾の将来を決定しようとする試みは、ボイコット、封鎖を含むいかなるものであれ、西太平洋地域の平和と安全に対する脅威であり、米国の重大関心事と考える」として、中国の台湾に対する武力行使や威嚇に目を光らせている。そして、台湾の安全が脅かされた場合は、「大統領と議会は憲法上の手続きに従い、かかる危険に対応して米国が取る適切な行動を決定する」と規定している。台湾を防衛するとは明言していないものの、中国の台湾への武力行使に対して、米国が介入する根拠を与えているのである。

中国との摩擦を生み出す最大の要因になっているのが、「台湾に防御的性格の武器を供給する」との条項だ。米国がこれをよりどころに台湾に武器を売却する度に、中国が「重大な内政干渉だ」と激しく抗議するパターンが繰り返されている。米国は台湾との断交に伴い、「米華相互防衛条約」を破棄したが、「台湾関係法」が実質的にそれに代わる役割を果たしているのである。

3. 両立しない人権・民主尊重と経済交流

クリントンの「三つの不支持」

米国の対中・対台湾政策は一九七〇年代以降、中国との共同コミュニケや「台湾関係法」に沿ってバランスを取りながら進められてきた。だが、一九九〇年代に入って、中国が経済大国として台頭してくると、歴代米政権は党派を問わず、人権・民主と経済の間で揺れ動くようになる。

民主党のビル・クリントンは一九九二年の大統領選挙戦で、「中国の民主化運動弾圧に無関心だ」などとジョージ・ブッシュ大統領（父）の対中政策を批判し、「バグダッドから北京に至るまでの暴君には、決して姑息な真似はしない」と宣言した。

大統領就任後も、中国に対する最恵国待遇（ＭＦＮ）延長の条件に、人権面での改善を付け加えようとするなど、中国に厳しい姿勢で臨んできた。一九九五年には、米議会の決議に背中を押された形とはいえ、クリントン政権は台湾の李登輝《りとうき》総統の母校コーネル大学訪問を許可した。李はキャンパスで演説し、台湾が国際社会でふさわしい地位が与えられるよう訴えるとともに、中国の江沢民《こうたくみん》国家主席との会談の可能性にも触れた。中国は激しく反発し、台湾海峡近海でミサイル演習を行い、中台関係は緊迫した。

ところが、クリントンは三年後の一九九八年には九日間という異例の長さで訪中し、上海での地元知識人との対話集会で、①台湾の独立を支持しない、②「一つの中国、一つの台湾」や「二つの中国」を支持しない、③台湾が国連など主権国家で組織する国際機関に加盟することを支持しない――という「三つの不支持」を表明した。クリントン政権は『「三つの不支持」はこれまでの米国の対台湾政策を何ら変えるものではない』と釈明したが、中国にとってはこの上ない援護射撃となり、台湾は窮地に追い込まれた。

ブッシュは対テロで中国と協調

後を継いで二〇〇一年一月に就任した共和党のジョージ・ブッシュ大統領（子）は、クリントン政権が中国を「戦略的パートナー」と位置付けていたのに対し、「戦略的ライバル」との認識を示し、警戒感を強めた。ブッシュの大統領就任から三カ月もたたない四月一日、南シナ海上空で米国の偵察機と中国の戦闘機が接触し、海南島に緊急着陸した米偵察機の乗員二四人が拘束状態に置かれる事件が起こった。一〇日余りで乗員は解放されたが、この事件はブッシュに、中国に対する強い不信感を植え付けた。

事件から約三週間後、ブッシュは米『ＡＢＣテレビ』のインタビューを受け、台湾が中国から攻撃を受けた場合、「我々は台湾を守る義務がある。中国はそれを理解しなければならない」「いかなる手段を取っても台湾を守る用意がある」と述べた。それまでの米政権は、有事の際の台湾防衛については、するともしないともはっきり言わない「曖昧戦略」を取ってきたが、ブッシュは台湾傾斜を明確にした。同時に、キッド級駆逐艦やディーゼル潜水艦など過去一〇年間で最大規模となる台湾への武器売却を決定した。

しかし、二〇〇一年九月に米同時多発テロが発生すると、ブッシュ政権は対テロ対策で中国の協力を得るため、対中協調路線に転じる。それ以後は、台湾の陳水扁《ちんすいへん》政権が進める安全保障を巡る住民投票や国家統一綱領・国家統一委員会廃止など独立色の濃い政策に対して、「現状を一方的に変更する行為だ」とことごとく批判するなど、台湾と距離を置くようになった。このように、近年の米大統領は、初めは台湾寄りだが、ビジネス界からの要望や国際情勢の変化で、次第に中国寄りになっていく道をたどった。

オバマは南シナ海で対立

民主党のバラク・オバマ大統領は、クリントンやブッシュとは違い、むしろ最初は中国に融和的だった。二〇一三年六月には、中国国家主席に就任してまだ三カ月の習近平を米西部カリフォルニア州の保養地に招き、首脳会談を行った。会談は二日間で計八時間以上に及び、ノーネクタイで意見を交わす両首脳の姿を、世界のメディアは「米中二大国

（G2）時代の到来」ともてはやした。

会談で、習近平は「新しい大国関係」を呼び掛けた。その内容は、米ソ冷戦時代のような対立ではなく、互恵と共存に主眼を置いているが、「『核心的利益』と重大な関心事項」の相互尊重を含むというものだ。習は「太平洋は二つの大国にとって、十分な空間がある」とも語り、中国軍の西太平洋への進出も示唆した。これに対し、オバマは「中国の平和的台頭を歓迎する」「未来の発展の方向をつくりたい」などと友好ムードで応じた。

対話を重視するオバマは、中国が南シナ海の南沙（英語名・スプラトリー）諸島などで埋め立てや軍事施設建設を進めていることが明らかになった後、二〇一五年九月にワシントンで行われた米中首脳会談で習近平に懸念を伝えた。だが、習は「南シナ海は太古より中国の領土だ」と、全く取り合おうとしなかった。オバマは怒りを爆発させて対話に見切りをつけ、翌月、「航行の自由作戦」に踏み切った（『日本経済新聞』二〇一五年一〇月二五日朝刊）。南沙諸島で中国が埋め立てて造成している岩礁から一二カイリ（約二二キロ）以内にイージス駆逐艦「ラッセン」を派遣したのである。中国は強く反発し、軍事的緊張が高まった。

オバマはクリントンやブッシュとは逆に、任期終盤になって中国と鋭く対立した。習近平の「新しい大国関係」構築の提案にも、結局、応えることはなかった。かといって、台湾に肩入れするわけでもなかった。

二　トランプ政権の方向性

1. お手本はレーガン

台湾との外交関係回復を模索

トランプは大統領選挙戦で、メキシコ国境の壁建設やイスラム教徒の入国禁止など物議を醸す政策をぶち上げては、米国社会に激論を巻き起こした。だが、「一つの中国」政策には触れてこなかった。このため、台湾では「トランプもヒラリー・クリントン（民主党）も中国に厳しい物言いをしているが、『一つの中国』に挑むことはない」（『中国時報』電子版、二〇一六年三月三日）との見方が一般的だった。

こうした状況からして、トランプ自身は「一つの中国」の問題にあまり関心を持っておらず、優先度も高くなかったと見るのが自然だろう。二〇一七年四月に米南部フロリダ州にあるトランプの別荘で行われた習近平との初の米中首脳会談でも、「一つの中国」や台湾問題はほとんど取り上げられなかった。そうであるなら、トランプが「一つの中国」政策見直しを持ち出したのも、あっさり矛を収めたのも、誰か先任者をモデルにしたか、周囲の意見に従った可能性が強い。

そこで注目されるのが、親台湾派で知られた同じ共和党のロナルド・レーガン大統領の対台湾政策だ。何しろ、トランプは意識的にレーガンを模倣し、日本でも有名になった選挙スローガン「アメリカを再び偉大にする（Make America great again）」は、レーガンが一九八〇年の大統領選挙戦で使った「Let's make America great again」をほぼそのまま借用したものだというのだ（佐藤伸行『ドナルド・トランプ』文春新書）。

レーガン政権で駐台湾大使に当たる米国在台湾協会（ＡＩＴ）台北所長を務めたジェームズ・リリーによると、レーガンは大統領選挙戦で台湾を中華民国と呼び続け、選挙集会で聴衆に台湾との外交関係回復への期待感を表明したこともある。記者会見で、民間の対台湾交流窓口機関であるＡＩＴを政府の直轄機関とし、台湾との公式関係を再構築する方針だと言明し、中国の強い反発を招く一幕もあった（ジェームズ・リリー『チャイナハンズ』草思社）。

「私は台湾の人々が好きだ」

レーガンの台湾びいきは筋金入りだった。リリーの前掲書によると、カーター政権が一九七八年一二月に中国と「国交樹立に関するコミュニケ」を発表して台湾との断交を通告すると、カリフォルニア州知事だったレーガンは台湾への裏切り行為だと非難し、急遽台湾を訪問した。

また、レーガンは、ホワイトハウスで行われた大統領による新任大使の任命式に、台湾に赴任するリリーを特別に参加させた。米国の外交慣例では、ＡＩＴ台北所長には大使の資格がないとされ、国務省はリリーの参加に反対していた。それにもかかわらず、リリーは妻や息子とともに大統領執務室に迎え入れられた。レーガンは流れ作業のように次々と一一人の新任大使と握手し、一言二言声を掛け、記念撮影をしていった。だが、最後一二人目のリリーの番になって、「話をしたい」と座らせ、別室に控えていたナンシー夫人とブッシュ副大統領も加わった。

台湾に招かれ、蔣介石に会った時の様子などを一五分間にわたって話したレーガンは最後に、リリーに向かってはっきりと「君は台湾に赴任するが、私は台湾の人々が好きだということを忘れないでほしい」と念を押した。リリーは「この短く直截な言葉は、台湾に対する大統領の思い入れを表したもので、台湾との関係をやりくりする上で私の拠りどころとして貴重な指針になった」と述懐している（『チャイナハンズ』）。

武器売却縮小と「六つの保証」

だが、レーガンは簡単に親台湾路線を貫き通せたわけではない。レーガン政権は一九八二年、米中共同コミュニケを発表したが、その中で「台湾への武器売却を段階的に縮小させ、一定期間を経た後に最終的解決を図る」と確約している。発表した日付から「八・一七コミュニケ」と呼ばれるこの声明は、台湾への武器売却を保証した「台湾関係法」から方針転換したように読める。

当時、中国の実権を握っていた鄧小平《とうしょうへい》は、台湾への武器売却停止に最終期限を設けるよう米国に強く迫っていた。アフガニスタンに侵攻したソ連に対抗する「戦略的パートナー」として中国を重視していたアレクサンダー・ヘイグ国務長官らは、中国の要求を受け入れるようレーガンに求めた（阮銘《げんめい》『共産中国にしてやられるアメリカ』草思社）。レーガンはヘイグを辞任させ、コミュニケ発表一カ月前の七月、台湾の蔣経国《しょうけいこく》総統に「六つの保証」と呼ばれる約束を伝えた。「六つの保証」とは、米国は①台湾への武器売却停止の期限を設けない、②台湾への武器売却について中国と事前に協議しない、③台湾と中国の調停役にはならない、④「台湾関係法」の修正には同意しない、⑤台湾の主権に関する立場を変えない、⑥台湾に中国との交渉に入るよう圧力をかけない――というもので、コミュニケで焦燥感を深めることになる台湾を安心させるものだった。リリーが蔣経国に直接面会してこれを口頭で読み上げた後、いかなる文書の痕跡も残らないように処分するという細心の注意を払ったやり方で伝達したのだった。

さらに、レーガンはコミュニケの解釈に関するメモを作成した。メモは「米国が台湾への武器供給を低減させる意志は、中国が中台問題の平和的解決を目指す約束を引き続き遵守することを絶対的な前提としている」「台湾へ提供する武器の量と質は、中国からの脅威に応じて決めることが肝要で、台湾の防衛能力と中国の軍事力の相対的均衡は、量、質ともに維持されなければならない」などと記され、事実上、レーガンはコミュニケの内容を書き換えたのである（『チャイナハンズ』）。

このように、強い指導力を誇ったレーガンをもってしても、「一つの中国」政策を放棄できなかったし、台湾寄りの政策を進めるには、米政府内や中国との間で複雑な駆け引きを繰り広げなければならなかった。レーガンをお手本とするトランプが、こうしたレーガンの台湾政策を参考にしないはずはないだろうが、トランプにレーガンほど強い台湾への思い入れがあるとは思えない。

2. 対中強硬派で固めた側近

電話協議の仕掛け人

蔡英文とトランプの電話会談実現の裏には、トランプに対する親台湾派の働き掛けがあったことを、米メディアが報じている。米紙『ニューヨーク・タイムズ』によると、中心人物は一九九六年米大統領選挙の共和党候補だったボブ・ドール元上院議員だ。ドールは二〇一六年の大統領選挙でいち早くトランプ支持を表明しており、トランプ側へのロビー活動費として半年で一四万米ドル（約一五七〇万円）を受け取ったとされる（『日本経済新聞』二〇一六年一二月一四日朝刊）。

大統領選挙でトランプの外交顧問を務めたジョン・ボルトン元国連大使は、二〇一六年一一月、『ウォール・ストリート・ジャーナル』に「米国は台湾カードを使うべきだ」との主張を寄稿していた。ボルトンはネオコン（新保守主義）の代表的な論客として知られ、蔡英文とトランプの電話会談当日も、トランプが陣取るニューヨークのトランプタワーを訪ねている（『毎日新聞』二〇一六年一二月四日朝刊）。さらに、ボルトンは二〇一七年一月二〇日のトランプの大統領就任直前にも『ウォール・ストリート・ジャーナル』に寄稿し、沖縄に駐留する米軍の一部を台湾に移転するよう提案している。トランプ政権で大統領首席補佐官に就いたラインス・プリーバス共和党全国委員長も二〇一六年一〇月に台湾を訪れ、蔡と会談している（『朝日新聞』二〇一六年一二月四日朝刊）。

ワシントンの台湾ロビー

こうした親台湾派を育てたり、取り込んだりするため、台湾は米国の政治の中枢ワシントンで、活発にロビー活動を行ってきた。ワシントンにおける台湾ロビーは、蒋介石率いる中華民国を支援するチャイナロビーを起源とし、保守基盤に影響力を持っていた。一九七九年の米台断交で米政府との接触が絶たれると、台湾は米議員や議員スタッフとのパイプづくりに力を入れた。一九八〇年代後半から台湾の民主化が進むと、民主・人権を重視する米議会との関係は一層緊密になり、上下院で親台湾派が増えた。親台湾派の議員たちは、台湾への武器売却などを支援し、一九九五年の李登輝訪米では議会がほぼ満場一致で支持決議を可決し、渋る国務省に大きな圧力を加えた。また、台湾は有力な州知事や州レベルの政治指導者とも関係を築いてきた。レーガンやクリントンは州知事時代に台湾から招待を受け、何度か訪問している。

親台湾派育成のために、台湾はロビイストも積極的に活用してきた。台湾のために働く登録代理人数は一九七九年の二六人から、一九八七年の最高時には五九人に上った(U.S.Department of Justice,FARA Quick Search)。国民党政権は一九九四年、ワシントンに台湾総合研究院を設立し、主要なロビイストであるキャシディ・アンド・アソシエイツと三年間で四五〇万米ドルの契約を結んでいる(ケント・E・カルダー『ワシントンの中のアジア』中央公論新社)。

一方で、中国もワシントンで強力なロビー活動を繰り広げてきた。経済面での中国の重要性が高まるにつれ、台湾ロビーの影響力は弱まってきたと言われていたが、トランプ政権である程度息を吹き返したようだ。

「一つの中国」放棄を迫るヘリテージ財団

台湾はロビー活動の一環として、米国の有力シンクタンクとも交流を深めてきた。代表的なのが、保守系のヘリテージ財団である。財団の創設者であるエド・フルナーは、二〇一六年一〇月に台湾を訪れ、蔡英文と会談している。

そのヘリテージ財団で上級研究員として働いた経験のある政治アナリストの横江公美は、「ヘリテージ財団は、今や二〇一六年大統領選の最大の勝者と言われている。フルナー氏が政権移行チームの実務トップにつき、財団の影響力が人事のあちこちに見られるからだ」と紹介している(『毎日新聞』二〇一七年一月一九日朝刊)。だとすれば、対台湾政策でもヘリテージ財団はトランプ政権に大きな影響力があると見て間違いないだろう。財団は、台湾問題についてどのような見解を示しているのだろうか。

ヘリテージ財団は二〇〇四年二月にシンポジウムを開催し、その内容をまとめて

『Rethinking "One China"』（邦訳『本当に「中国は一つ」なのか』草思社）として出版している。この題名からも分かるように、同書は、米国の「一つの中国」政策は中国の台湾に対する主権を認めたものではないと強調し、その「一つの中国」政策も時代遅れで、米国の国益を損なうものだと訴えている。

中でも、同書の編著者であるヘリテージ財団アジア研究センター中国政策専門研究員、ジョン・J・タシク・ジュニアの主張は激烈だ。『『一つの中国』政策は、もはや北京の面子を保つように工夫された便利な法的虚構ではなく、中国の台湾への武力行使を黙認するものでしかない」とこき下ろし、「アメリカがこれに反駁しなければ、中国は『アメリカには台湾の民主主義を守る意思がない』という確信をますます深めていくだけなのである」として、「一つの中国」政策の放棄を呼び掛けている（『本当に「中国は一つ」なのか』）。

トランプは、ホワイトハウス内に新設した国家通商会議（ＮＴＣ）トップに『CROUCHING TIGER: What Chian's Militarism Means for the World』（邦訳『米中もし戦わば』文藝春秋）の著者であるピーター・ナヴァロ・カリフォルニア大学教授を起用するなど、側近を対中強硬派で固めた。中でも政権とヘリテージ財団の関係の近さからすると、トランプの「一つの中国」政策見直し示唆発言に財団やその周辺が関わったと見て間違いない。だが、トランプは、曲がりなりにも台湾海峡を安定させてきた「一つの中国」政策の見直しに踏み切った場合、それに代わってどのような政策を採用するかについては言及していない。関係者の間でも、結論は出ていないのだろう。

3．東アジアへの関与

安全保障では同盟強化で一致

米大統領選挙戦で、日本で最も論議を呼んだのは、東アジアの安全保障面におけるトランプの主張だった。トランプは日本や韓国が米軍の駐留経費負担を大幅に増額しない場合は米軍を撤退させると息巻き、その代わり、核兵器の保有を容認すると取れるような発言までしていたからだ。これについて、日本では「安全保障もカネ次第」というトランプ流の取引ではないかとの懸念が広がった。台湾でも「米国はアジアを重視しないという誤ったメッセージを中国に送れば、重大な結果を招き、米台関係も危機を迎えるだろう」（『中央通信社電』二〇一六年三月五日）と危惧する声が強まった。

トランプ政権が発足して間もない二〇一七年二月、ジェームズ・マティス国防長官が初の外遊として韓国と日本を訪れ、日本では三日から四日にかけて、安倍晋三首相や稲田朋美防衛相と会談した。会談では、米軍駐留経費の日本の負担増は議題にはならず、マティスは記者会見で「日米のコスト分担は他国のお手本となる」と評価した。日米防衛相会談では、東シナ海や南シナ海での中国の活動に関して、「アジア太平洋地域の安全保障上の懸念」との認識を共有し、日米同盟を強化していく方針で一致した。また、マティスは、尖閣諸島は米国の対日防衛義務を定めた日米安全保障条約第五条の適用範囲だと明言し、日本側を喜ばせた。

さらに、トランプと安倍は二月一〇日、ホワイトハウスで初の日米首脳会談を行い、やはり日米同盟を強化していくことで合意した。トランプから在日米軍の駐留経費負担増の要求もなかった。尖閣諸島に日米安保条約第五条が適用されることも改めて確認し、共同声明にも明記された。

米国が東アジアの安全保障に引き続いて関与していく姿勢を明確にしたことで、日本や台湾はひとまず安堵した。ただし、尖閣諸島の領有権を主張する台湾の外交部（外務省）は、「釣魚台列島（尖閣諸島の台湾名）が中華民国（台湾）固有の領土であることに疑いはない」との声明を発表して抗議した（『Taiwan Today』二〇一七年二月六日）。

日米の同盟強化について、中国国営通信社『新華社』は二月六日電で「アジア太平洋地域の安全に深刻な影響をもたらす」と批判的に伝え、中国がトランプの東アジアの安全保障への関与に神経質になっている様子をうかがわせた。

通商政策は保護主義

一方、通商面では、トランプは大統領就任三日目の二〇一七年一月二三日、日米など一二カ国による環太平洋パートナーシップ協定（ＴＰＰ）からの離脱を正式に決める大統領令に署名した。トランプは大統領選挙戦でＴＰＰ離脱を公約に掲げていたが、オバマ前政権の米国を含む一二カ国は二〇一六年二月に協定に署名し、各国が議会での批准などの手続きを進めているところだった。参加国全体の国内総生産（ＧＤＰ）の六割を占める米国が撤退すれば、規定によりＴＰＰは発効できなくなる。残る一一ヵ国はＴＰＰを断念するか、規定を変更して米国抜きで発効させるかの選択を迫られる。ＴＰＰに代わって、トランプは二国間の自由貿易協定（ＦＴＡ）交渉を行う方針を表明している。二国間交渉で米国に有利な条件を勝ち取ると言ってはばからず、保護主義を前面に打ち出している。

米国の離脱は、ＴＰＰを通商戦略の柱に据えていた日本には大きな痛手となった。日本は東南アジア諸国連合（ＡＳＥＡＮ）一〇カ国と日中韓、オーストラリア、ニュージーランド、インドの計一六カ国による広域ＦＴＡの東アジア地域包括的経済連携（ＲＣＥＰ）交渉にも取り組んでいるが、ＲＣＥＰは中国の影響力が強く、目指す自由化のレベルは高くない。ＴＰＰをアジア太平洋地域の貿易ルールの標準にしようともくろんでいた日本は、戦略の練り直しを迫られることになった。

方向転換を余儀なくされたのは、台湾も同じだ。蔡英文はTPPやRCEPへの加盟を目標に掲げ、二〇一六年五月の総統就任演説でも意欲を示した。台湾にとって、中国の意向に左右されやすいRCEPよりも、日米が主導するTPP加盟への期待が大きかっただけに、米国の離脱は打撃となった。これに対し、中国は、TPPによって中国抜きでアジア太平洋地域の貿易標準ルールを決められることに強い警戒心を抱いていたので、米国の離脱は追い風となった。RCEP交渉で、日中の主導権争いが激しさを増すはずだ。

日本の立ち位置

台湾と米国の新政権発足によって、大きく変わった米中台の三角関係に、日本はどう対処しようとしているのだろうか。まず、台湾の蔡英文政権との関係を見ておこう。

蔡英文は以前から日本重視の姿勢で知られており、自民党が野党時代の二〇一〇年と二〇一一年に台湾を訪問した安倍と会談している。二〇一五年一〇月に蔡が訪日した際は、安倍の実弟の岸信夫衆院議員の案内で地元・山口県を訪れるなど、安倍との関係は良好だ。総統就任演説でも、蔡は「平和、自由、民主、人権といった普遍的な価値観を共有する米国、日本、欧州などの民主国家との関係を強化する」と強調している。

そんな日本重視の姿勢を象徴するのが、対日外交で重要な役割を担うポストの人事だ。

駐日大使に当たる台北駐日経済文化代表処代表に元行政院長（首相）の謝長廷《しゃちょうてい》、台湾の対日交流窓口機関である亜東関係協会（二〇一七年五月、台湾日本関係協会に名称変更）の会長に元総統府秘書長（官房長官）の邱義仁《きゅうぎじん》と、要所に二人の民進党の重鎮を起用した。対日人脈も豊富な両大物トップの登場で、日本に対する発信力は強まっている。

安倍政権は国民党の馬英九前政権とは、沖ノ鳥島（東京都）周辺海域で二〇一六年四月、日本の海上保安庁が台湾の漁船を拿捕した事件を巡ってぎくしゃくしていただけに、蔡英文政権との友好関係を維持したい考えだ。

日中関係は安倍政権になってから、冷え切った状態が続いている。安倍は二〇一四年一一月、約二年半ぶりに習近平と日中首脳会談を行ったものの、その後、日中双方は東シナ海や南シナ海の問題などで非難の応酬を繰り返している。一方、安倍はトランプとの首脳会談で、日米同盟強化で一致した。安倍政権は米国との同盟を軸とし、台湾も引き込んで中国と対抗していきたい意向だが、トランプは中国とも協調していく構えを見せており、安倍の思い通りになるかどうかは分からない。

日本の「一つの中国」政策

本章の終わりに、日本の「一つの中国」政策を確認しておこう。日本は自民党の田中角栄政権時代の一九七二年、中華人民共和国と国交を正常化し、中華民国（台湾）と断交した。両国で調印した日中共同声明は「日本国政府は中華人民共和国が中国の唯一の合法政府であることを承認する」と宣言している。その上で、「中華人民共和国政府は、台湾が中華人民共和国の領土の不可分の一部であることを重ねて表明する。日本国政府は、この中華人民共和国政府の立場を十分理解し、尊重し、ポツダム宣言第八項に基づく立場を堅持する」と表明している。

ポツダム宣言第八項はカイロ宣言を履行するよう命じている。そのカイロ宣言は日本が満州、台湾及び澎湖島を中華民国に返還するよう定めているが、日本は一九五二年四月に発効したサンフランシスコ平和条約で、台湾と澎湖島に対する権利を放棄している。

台湾と澎湖島について、カイロ宣言では「中華民国に返還」と明記されているのに、サンフランシスコ平和条約では、日本は「放棄」するだけで所属先は明示されておらず、宣言と条約で内容が異なる。この点をどう見るかについて、アジア政治外交史が専門の川島真・東京大学教授は「カイロ宣言は署名もないプレスリリース的な文書に過ぎず、（中略）当然条約の方が優先されるが、中国も台湾もサンフランシスコ講和会議には参加していないので、カイロ宣言を重視することになる」と解説している（川島真『21世紀の「中華」』中央公論新社）。

日中共同声明で、台湾についての中国の立場を「理解し、尊重する」と表記したことについて、当時外相だった大平正芳は次のように説明している。

日本は台湾の帰属につき権利を放棄している。従って台湾の将来はサンフランシスコ平和条約を結んだ連合国の手中にあるが、連合国は何らの決定を行っていない。かかる状況の下において、日本は、台湾を中共（引用者注：中華人民共和国）の領土と認める立場にはない。しかし、北京の「台湾は中国の不可分の一部」との主張に対しては、これを理解し尊重することはできるが、これ以上には出られない（服部龍二『日中国交正常化』中公新書）。

日本も米国と同じで、「台湾は中華人民共和国の一部」という立場を「承認」したわけではないのだが、一般にこの解釈が十分浸透しているとは言い難い。安倍政権は、トランプの「一つの中国」政策見直し示唆発言については静観を決め込んだ。日本政府の立場として、この問題でトランプ政権と共同戦線を張るのは難しいだろう。

II　中台衝突の歴史と抑止力としての米国

一　砲撃戦の舞台となった金門島

1. 中国と対峙する軍事拠点

古寧頭の戦い

中台間では過去に何度か、局地的な武力衝突が起きている。その主な舞台となったのが金門島だ。金門島は周辺の付属島嶼を含めた面積約一五〇平方キロ。台湾本島からは約三〇〇キロと遠いが、中国福建省の沖合に位置し、最も近い中国領の小島、角嶼まではわずか二キロしか離れていない。

国共内戦に勝利した共産党は、大陸を制して一九四九年一〇月一日に中華人民共和国を建国した後、国民党が支配する沿海諸島の奪還に取り掛かった。同月二五日には、共産党

「古寧頭の戦い」の勝利を記念して設置された戦史館（2016年8月22日、金門島にて）

軍が金門島攻略のため、島西部の古寧頭に上陸した。戦いは二七日まで続いたが、待ち伏せしていた国民党軍の猛反撃に遭い、共産党軍は壊滅した。

それまで中国大陸全土で敗走に敗走を重ねていた国民党軍がようやく一矢を報いたのである。この戦いは「古寧頭の戦い」と呼ばれ、現地に勝利を記念する戦史館が建てられている。戦史館の資料によると、共産党軍は兵士約一万九〇〇〇人が上陸したが、大半は戦死し、残る五一七五人が捕虜になった。一方、国民党軍の被害は死者一二六七人、負傷者一九八二人にとどまった。戦史館の前庭には、米軍から供与され、戦闘で威力を発揮した軽戦車Ｍ５Ａ1、通称「金門の熊」の実物が展示され、入館者の目を引く。館内では当時の資料や写真が

古寧頭戦史館の前庭に展示されている軽戦車M5A1、通称「金門の熊」(2016年8月22日、金門島にて)

並べられ、栄光を今に伝えている。この戦いによって、国民党軍は金門島を死守した。それから現在に至るまで、台湾が金門島を実効支配し続けているのである。

二度の台湾海峡危機

だが、金門島ではその後も中台の砲撃戦が繰り広げられてきた。まずは一九五四年九月三日、中国軍が砲撃を開始した。台湾軍が応戦し、十数日間にわたる激しい砲撃戦となった。他の沿海諸島での攻防も含めた戦いは「第一次台湾海峡危機」と呼ばれる。

台湾海峡両岸の戦争に拡大することを懸念した米国は、軍事援助停止の脅しをかけ、台湾軍の反撃を中止させた。この教訓から、同年一二月、米台は「米華相互防衛条約」を締結した。

これにより、台湾が攻撃されると、米国が防衛義務を負う一方、台湾の「大陸反攻」を封じ込めた。条約の適用範囲は「台湾本島と澎湖諸島」とされ、金門島・馬祖島などの「その他の領域」については、「（米華）相互の合意によって決定される」と曖昧にされた（河原昌一郎『米中台関係の分析』彩流社）。

一九五八年八月二三日には、中国軍が再び金門島に激しい砲撃を始めた。二時間以上に及んだ砲撃で、三万発余りの砲弾が発射され、六〇〇人を超える台湾軍兵士と米国人軍事顧問二人が戦死した。砲撃は四四日間続き、撃ち込まれた砲弾は計四七万発に上った。民間の被害も大きく、一般島民八〇人が死亡、二二一人が負傷し、家屋の被害は全壊二六四九軒、半壊二三九七軒に上った（呉密察《ごみつさつ》監修　遠流台湾館編著『台湾史小事典』遠流出版事業、邦訳『台湾史小事典』中国書店）。

蔣介石の支援要請で、米国は核兵器の使用も検討したものの、物資援助と台湾軍の金門島補給の護衛にとどめ、金門島や周辺諸島に駐留する台湾軍の一部を撤退させた（毛利一『台湾海峡紛争と尖閣諸島問題』彩流社）。激しい砲撃戦が一段落した一〇月二五日以降は、中国軍は奇数日には砲撃、偶数日は休止し、台湾軍もそれに対応するという、一種「出来レース」のような戦いに変わっていく。砲撃は、中国が台湾の平和統一に方針を変更した一九七九年一月一日にようやく停止された。「第二次台湾海峡危機」と称されるこの砲撃戦についても、台湾政府は中国の砲撃開始日から名付けた「八二三戦史館」を設置し、戦果をアピールしている。

毛沢東が指揮する中国軍がなぜ金門島を攻撃したのかについてはさまざまな説があったが、近年、新たな史料が公開され、米国がどこまで台湾を防衛するのかを探るのが目的で、金門島上陸を狙っていたわけではなかったことが明らかになっている。そして、中国は、金門島・馬祖島をあえて国民党政権の「手中にとどめる」ことで、台湾海峡が分断され、「二つの中国」をつくり出すことを防ごうとした。金門島・馬祖島は、台湾本島と一緒に「解放」する長期戦略に転換したのである（『中国外交と台湾』）。

二度にわたる危機が示すように、台湾海峡ではいつ本格的な軍事衝突が発生してもおかしくなかった。そうならなかったのは、米国が中台双方ににらみをきかせて自制させてきたからである。

台湾本島より近い中国との心理的距離感

このように、金門島は台湾本島とは違った歴史を刻んできた。戦前も一時、日本に占領された時期があったものの、日本の植民地にはなっていない。現在、省制度は実質的には機能していないとはいえ、台湾本島が台湾省に属するのに対し、金門島（金門県）は馬祖島（連江県）とともに福建省の管轄となり、金門島には福建省政府の庁舎がある。

かつては一体の生活圏だった金門島と対岸の福建省沿海部は、一九四九年に国民党が台湾に移転してから、行き来を禁じられてきた。だが、両岸の住民には親戚や知人も多く、沖合に泊めた船の上で魚介類や日用品などを交換したり、こっそりと船で渡って物品を売買したりする商売が後を絶たなかった。これは、形式的には違法な密貿易である。だが、住民にとっては日常行為という感覚だった。

そんな境界線を取り払ったのが、二〇〇一年からスタートした金門島・馬祖島と福建省沿海部間の「小三通」である。これで中台交流が活発化すると、金門島と福建省沿海部の関係はますます緊密になっていく。二〇一五年には、降水量が少なく慢性的な水不足に悩まされている金門島の要望を受け、福建省アモイとの間に海底パイプラインを敷設し、中国が水を供給することで、中台当局が合意している。

交通アクセスも急ピッチで整備されており、沖合にある小金門島との間で、二〇二〇年の完成を目指して全長約五キロの金門大橋の工事が進められている。小金門島は、アモイと金門島の中間に位置しており、完成すると、アモイと金門島の往来はさらに便利になる。二〇〇八年に馬英九総統が金門島を訪れ、アモイと金門島の間に橋を架ける構想を語ったこともある。

こうした事情を反映し、台湾住民に比べ、金門島民にとって中国は地理的だけでなく心理的にもはるかに近い。金門島では自らを「金門人」と呼ぶ人が多いが、「台湾人」でも「中国人」でもない「金門人」という言い方に、独自のアイデンティティーとプライドが滲み出ている。

2.「小三通」の立て役者・蔡英文

五二年ぶりの船出

金門島を中台衝突の現場から交流の拠点に生まれ変わらせた「小三通」が解禁されたのは、二〇〇一年一月二日だった。その日、金門島の料羅港から、陳水在《ちんすいざい》・金門県長を団長とする同県政府訪問団を乗せた客船「太武号」がアモイに向けて船出した。

新聞社の台北特派員だった私は現地で取材に当たったたが、地元では盛大なセレモニーが催され、歴史的な瞬間を祝った。約一八〇人が乗り込んだ「太武号」はゆっくりと港を離れ、デッキでは多くの人が笑顔で手を振っている。アモイの埠頭に降り立った陳水在は「ここに来るのに五二年かかった」と感慨深げに語った。一九四九年に中台の交流が途絶えてから五二年ぶりに直航が実現した感激を表現したのである。一行はアモイに四日間滞在し、地元市当局と親戚訪問や貿易などの交流について意見交換した。

「小三通」解禁で中国福建省アモイに向けて出港した金門県政府訪問団の「太武号」（2001年1月2日、金門島にて）

同じ日、馬祖島からは、劉立群《りゅうりつぐん》・連江県長ら約五〇〇人を乗せた客船が福澳港を出発し、対岸の福建省馬尾港に到着した。こちらの一行は、海の守り神として広く信仰されている媽祖の参拝団で、福建省湄州島にある媽祖廟の総本山にお参りした。

金門島で取材していて、できれば「小三通」第一号となる「太武号」に同乗してアモイに渡りたかったが、当時は、金門・馬祖両島に六カ月以上居住する住民でなければ乗船することはできなかった。両島の住民も、中国の水産物や土産物など小規模な交易しか認められず、中国からの輸入品をそのまま台湾本島に持ち込む中継貿易は禁じられていた。

大陸委員会主任委員就任を前に記者会見する蔡英文（2000年5月12日、台北市にて）

対中政策責任者として政府をまとめる

この「小三通」解禁を主導したのが、行政院大陸委員会の主任委員を務めていた蔡英文だった。大陸委員会は対中政策を主管する官庁で、トップの主任委員は閣僚である。蔡は国際法を専門とする大学教授だったが、台湾のＷＴＯ加盟交渉団の一員としての働きが評価され、二〇〇〇年五月二〇日に発足した民進党の陳水扁政権で要職に抜擢されたのだった。

蔡英文が就任前に開いた記者会見に、私も出席した。外国人記者クラブが主催した会見で欧米の記者が多かったため、蔡は一時間近くの会見を通訳なしで、全て英語でこなした。会見では、その前年に李登輝が提起した「中台は特殊な国と国の関係」という「二国論」について質問が集中した。中国は「台湾を中国から分離させようとする企て」と猛反発して中台関係が緊張したが、蔡はこの見解をまとめた専門家グループの責任者だったからだ。

相次ぐ質問にも、蔡英文は「両岸関係の現状を描写したものだが、非常に誤解されている。今後は『二国論』は持ち出さない」と応じて切り抜けた。まだ四三歳の若手女性研究者が対中政策の責任者になるというので内外メディアの注目を集めていたが、どんな質問にも動じることなく理路整然と答える姿が印象に残っている。

大陸委員会主任委員の指名を受けた時は「ほかのポストなら考えてもいいが、それだけは勘弁してほしい」と尻込みしていた蔡英文だったが、就任後はその手腕を遺憾なく発揮した。中でも、「小三通」の実現は金字塔と言っていい。

中台がともにWTOに加盟すれば、中国が求めている大陸各地と台湾本島を直行便で結ぶ本格的な「三通」を解禁せざるを得なくなる――。そう読んでいた蔡英文は、就任一〇日目に幕僚を伴って金門島を視察し、「三通」のテストケースとして、「小三通」を大陸委員会の優先政策とすることを決めた。

とはいえ、実際に「小三通」を実施するには、膨大な作業が必要だった。金門島・馬祖島には軍事施設が多く、国防部（国防省）との調整が不可欠だ。埠頭の建設は交通部（交通省）、中国からの人の出入りは財政部（財務省）の税関部門や内政部（内務省）の移民署、検疫は衛生署という具合に、行政院だけでも一〇以上の省庁を動かさなければならなかった。大陸委員会企画処長として蔡英文を支えた詹志宏《せんしこう》は「毎日、本当に目が回る忙しさだった」と当時を振り返っている（張瀞文《ちょうせいぶん》『蔡英文』城邦文化事業、邦訳『蔡英文の台湾』毎日新聞出版）。

そうした作業を粘り強くこなし、蔡英文は就任から七カ月余りで、メディアも「実行不可能」と突き放していた「小三通」解禁をやり遂げたのである。「小三通」の利用者は年々増え、アモイ―金門島や福州―馬祖島など四ルートを合わせた二〇一六年末までの累計数は、双方合わせて延べ約一五八五万人に上る（台湾内政部統計）。現在の隆盛ぶりを考えると、蔡の構想力と実行力は並大抵のものではなかったことが分かる。総統就任後の二〇一六年九月に金門島を視察した蔡は、「『小三通』は両岸の交流の出発点となった。これを実施していなければ、今日のような両岸の緊密な人の往来や経済関係もなかった」と自身の業績を誇った（台湾紙『旺報』電子版、二〇一六年九月一一日）。

福建省長として受けて立った習近平

これに対し、自ら主導して「三通」を実施しようとしていた中国は、台湾が仕掛けた「小三通」には冷淡だった。国台弁は「我々が主張する『一つの中国』を原則とした『三通』とは違う」との談話を発表し、台湾側が求める解禁手続きには応じなかった。このため、中国船の金門島・馬祖島入港は先送りされ、台湾船だけが福建省に乗り入れる一方的なスタートになった。

だが、「三通」を進めようとする中国が「小三通」を拒否するのは、矛盾していて説明がつかない。だから、「小三通」を阻止はせず、台湾船の入港は認めることにした。蔡英文が投げ付けた「小三通」という球は、中国にとっては扱いにくいくせ玉だったのだ。ここで、くせ球を打ち返すべく中国側の矢面に立ったのが、当時福建省長の習近平だった。習は二〇〇一年三月八日、北京で開かれていた全国人民代表大会（全人代）の福建省代表団の責任者として記者会見に臨んだ。全人代は中国の国会に当たる。

この会見については第Ⅳ章で詳しく取り上げるが、独立志向の強い陳水扁政権を支持する台湾企業に対して、中国当局が制裁に踏み切るかどうかが焦点だった。このため、台湾紙の記者を中心に数十人が詰め掛け、会場はいっぱいになった。日本では関心が低かったためか、見たところ、参加した日本人記者は私一人だった。二〇〇一年三月といえば、二カ月前に「小三通」が始まったばかりの時期である。当然、「小三通」についての質問も出た。

習近平はまず、「『三通』の解禁は、我々が一貫して主張してきた。双方の人民の交流を促進し、両岸関係の発展に役立つからだ」と「三通」の必要性を訴え、「福建省は両岸の『三通』開放のため、巨額の資金を投じて空港や港湾を整備するなど大々的に準備を進めている」とPRした。

一方、「小三通」については「金門島・馬祖島と福建省との往来や少額貿易は、実際には以前から行われている。『小三通』はその現状を追認し、合法化しただけだ。これだけでは、両岸の貿易や人の往来に対する需要を満たすことはできない」とあまり評価しない口ぶりだった。

しかし、『小三通』が金門島、馬祖島の同胞の生活改善や経済発展に役立つのは事実だ。だから、我々としても支援は惜しまない」とも述べ、消極的ながら支持する姿勢も示した。民進党政権に得点を稼がせるのは避けながら、一定の恩恵を受ける福建省の指導者として受け入れを表明せざるを得ないという難しいくせ球への対応を、習近平はそつなくこなした。この時、習近平四七歳。よく通る声で、あまり抑揚のないゆっくりとした話しぶりは今と同じだ。既にこの頃から、堂々としているが面白味に欠けるという特徴を見せていた。

二〇〇〇年代初め、「小三通」を巡って、ともに四〇歳代だった蔡英文と習近平が静かに火花を散らしたのである。私が記者会見で対面したその二人が、十数年後に中台を率いるトップとして相対するとは思ってもみなかった。当人たちも、想像すらしなかっただろう。

3. 押し寄せる中国人観光客

軍事関連施設が観光スポットに

中台の軍事対立の最前線となった金門島には長らく、島民を上回る数万人の兵士が駐留してきた。その緊張が緩んだのは一九九二年になってからだ。この年、台湾本島より五年遅れて、戒厳令が解除されたのである。それ以後、駐留兵士の数も段階的に減っていく。平和が訪れた金門島を管轄する金門県政府にとっては、新たな産業の育成が急務となった。現地で栽培するコーリャンを原料にしたコーリャン酒は有名だが、長年戦場となってきた金門島は開発の波から取り残されていた。駐留部隊の縮小は、金門島の経済をさらに苦境に追いやった。

上陸用舟艇発着基地として造られた秘密の半地下水路「翟山抗道」（1999年11月16日、金門島にて）

そこで金門県政府が取り組んだのが、軍事関連施設を目玉にした観光地化である。「古寧頭戦史館」や「八二三戦史館」に加え、上陸用舟艇発着基地として造られた秘密の半地下水路「翟山抗道」や有事の際の避難場所として張り巡らせた瓊林地区の地下壕など、かつては一般人の立ち入りが禁止されていた軍事関連施設を開放し、観光スポットにした。これには、台湾政府や軍の協力があったのは言うまでもない。

私が初めて金門島を訪れた一九九九年には、まだ所々に監視塔があり、迷彩服姿の兵士が鋭い目を光らせていた。写真を撮ろうとカメラを向けると、兵士に制止されたものだ。

アモイから三〇分の船旅

そんな金門島は、どう様変わりしたのだろうか。それを確認するため、私は二〇一六年八月、アモイの埠頭から高速船に乗って金門島に渡った。金門島へは台湾本島からだと飛行機で小一時間かかるが、アモイからなら約三〇分の船旅で到着する。

今では、「小三通」は両岸の住民の間ですっかり定着し、事前に許可証を申請しさえすれば、高速船のチケットをその場で購入して乗船できる。台湾本島住民や外国人にも開放されているが、外国人が乗船するにはパスポートが必要で、それぞれの通関で「出境」「入境」のスタンプが押される。

金門島には台湾本島から飛行機で何度か行ったことがあったが、アモイから入ったのは初めてだった。高速船では、スーツケースなど大きな荷物を抱えた旅行客は少なく、「近場に遊びに行く」といった雰囲気の軽装の客が目立つ。両岸の交流が日常の出来事になっていることが見て取れた。

中国人客目当ての大型ショッピングセンター

金門島を訪れる中国人観光客のお目当ての一つがショッピングだ。台湾政府は離島振興策として、海外のブランド品や輸入酒を免税で販売する特例を認めており、中国国内より三割程度安く買える。

中国人観光客でにぎわう大型ショッピングセンター「昇恆昌金湖広場」(2016年8月22日、金門島にて)

埠頭から車で約二〇分の所にある大型ショッピングセンター「昇恆昌金湖広場」に足を延ばすと、売り場には世界のブランド品のほか、コーリャン酒や包丁など金門島の特産品、台湾の各種製品も並んでいた。「昇恆昌金湖広場」は増加する中国人観光客を当て込んで、二〇一五年三月に全面オープンした。同じ大手不動産開発会社が運営する高級ホテル「昇恆昌金湖大飯店」と一体化した構造になっている。店内では、おそろいの緑色のポロシャツを着た団体客が買い物に夢中になっていた。大きな袋を下げた二〇歳代の女性は「今日は社員旅行でアモイから来たの。ここではブランドもののバッグが安く買えるのでうれしい」とご機嫌だった。

二〇一六年五月に蔡英文政権が発足して以来、台湾本島を訪れる中国人観光客は急減していたが、五～八月の四カ月間に金門島と馬祖島を訪れた中国人客は計六四万七四八二人で、前年同時期より約八％増えていた（台湾内政部統計）。

島で乗ったタクシーの運転手、鄭金海《ていきんかい》に事情を尋ねると、「蔡英文政権になってからも、今のところ、中国人観光客は減っていない。日帰りの買い物客が多いからだろう。特に、週末には団体がどっと押し掛けてくる」と教えてくれた。

だが、現地の観光ガイド、梁章能《りょうしょうのう》は「中台関係の悪化が長引けば、いずれ中国人観光客は減るだろう。そうなれば、我々は商売あがったりだ」と不安を漏らした。その予感は的中する。金門島と馬祖島を訪れた中国人客は、二〇一六年九月は前年同月比マイナス一六・四％と急減し、それから年末にかけて毎月七・五～一二・三％減と、大幅に落ち込むようになったのである（台湾内政部統計）。

二　軍事拠点・平潭島が映し出す今昔

1．台湾海峡ミサイル危機

軍事演習の基地

金門島での砲撃戦は、いわば国共内戦の延長だったのに対し、一九九五年から一九九六年にかけて起きた「台湾海峡ミサイル危機」は、民主化した台湾を大国化した中国が武力で威嚇するという構図だった。この危機にも、米国は大きく関わっている。

きっかけは、第Ⅰ章でも述べた一九九五年六月の李登輝訪米だった。中国は米国務省から李の入国は認めないと伝えられていただけに、李が母校コーネル大学を訪れ、台湾の存在を世界にアピールする演説を行ったことに激怒した。中国軍は翌七月、台湾北部の海域にミサイルを六発撃ち込んだのを皮切りに、八月にもミサイルを発射し、一一月には福建省南部の東山島で台湾上陸を想定した陸海空三軍合同軍事演習を実施した。

さらに、一九九六年三月にも、中国軍は台湾北東部の基隆と南部の高雄の沖合海域にミサイル四発を発射した。続いて、福建省東部の平潭島で陸海空三軍合同軍事演習を繰り広げた。この軍事演習は、台湾で初めて行われる総統直接選挙に対する牽制だった。一九八八年に死去した蔣経国の後任として副総統から総統に昇格した李登輝は、四〇年以上選挙の洗礼を受けていなかった立法委員（国会議員）の全面改選、中央任命制だった台北市長や高雄市長の直接選挙実施など、矢継ぎ早に民主化を進めた。その到達点が、住民の一票によってトップを選ぶ総統直接選挙だった。

だが、これは中国から見れば、「中国の一部である台湾のリーダーを、台湾だけで決めている」ことになり、「台湾独立への道を歩んでいる」と映る。このため、軍事演習で圧力をかけ、李登輝の得票を減らそうとしたのである。

私は二〇一六年八月に平潭島を訪れたが、海峡に面した小高い丘に軍事演習を記念する塔が建てられていた。別室では当時の模様を伝える映像が繰り返し流され、今も軍事演習の「成果」を誇示していた。

中国軍を威圧した米空母

米国が引き金を引いた形で始まった「台湾海峡ミサイル危機」だったが、終息に向かわせたのも米国だった。一九九六年三月の中国の軍事演習に対して、米軍は空母「インディペンダンス」と「ニミッツ」を中心とする二組の艦隊を台湾海峡周辺に派遣し、中国が武力行使に踏み切った場合は介入するとの警告を発した。

中国は米国に対し、台湾への軍事威嚇を停止することを条件に、三月二五日の軍事演習終了までに空母が台湾海峡に入らないよう要請し、それに米国が同意したことが報じられたことで、台湾海峡の緊張は回避された（平松茂雄『台湾問題』勁草書房）。

台湾総統選挙では、中国の威嚇は逆効果となり、李登輝が予想を超える五四％の得票率で圧勝した。台湾住民の危機感が、李の得票を押し上げたのだ。中国のミサイル演習が公表されると、株価が急落するなど社会全体がパニックに陥ったこともあった台湾だが、緊迫した情勢の中、初の総統直接選挙を貫徹することができたことで、民主化への自信を深めていく。「台湾海峡ミサイル危機」から丸二〇年となる二〇一六年には六回目の総統直接選挙が行われたが、野党・民進党の蔡英文が勝利し、三回目の政権交代を実現させたのである。

1996年3月の中国陸海空3軍合同軍事演習を記念して建てられた塔（2016年8月21日、平潭島にて）

中国は空母保有に邁進

「台湾海峡ミサイル危機」で、米軍が空母二隻を中心とする艦隊を派遣すると、中国軍は引き下がざるを得なかった。これで深い挫折感を味わった中国は、空母保有・建造に邁進するようになる。中国では一九八〇年代から、海軍司令官を務めた劉華清《りゅうかせい》・元共産党中央軍事委員会副主席が、空母開発の重要性を訴えてきた。二〇〇四年に出版した回顧録『劉華清回想録』(解放軍出版社)によると、一九八七年に海軍の重要会議や意見書などで数度にわたり、空母建造の必要性をアピールしている。こうした実績から、劉は中国で「空母の父」と呼ばれている(塩沢英一『中国人民解放軍の実力』ちくま新書)。

劉華清らの提案を「台湾海峡ミサイル危機」の屈辱が後押しし、中国は初の空母として、ウクライナから購入した「ワリャーグ」を改修して「遼寧」と命名し、「研究・訓練用」と位置付けて二〇一二年に就役させた。トランプが「一つの中国」政策見直し示唆発言をした際、米台を牽制するため、西太平洋と南シナ海を回って台湾を一周した、あの「遼寧」である。

さらに、二〇一七年四月には、初の国産空母が遼寧省大連市沖で進水した。「遼寧」の基本設計をベースに独自改良したもので、二〇二〇年ごろに就役する見通しだ。将来的には四隻以上の空母を保有する計画だという(『毎日新聞』二〇一七年四月二四日朝刊)。

2. 台湾を取り込む「平潭総合実験区」

建ち並ぶ高層ビルと目立つ未開発地

二〇年前には中台を一触即発の危機に陥れた軍事基地だった平潭島は、現在は中台経済交流の「実験区」として注目を浴びている。同島は面積約三二五平方キロと福建省最大の島で、台湾北西部の新竹まで約一二六キロと中国で最も台湾本島に近い。長らく台湾と対峙する前線本部として中国軍が駐留し、改革・開放政策の恩恵を受けられずにいた。

その平潭島を中国政府が二〇〇九年、「台湾海峡西岸経済区」プロジェクトの先行地区と位置付け、「平潭総合実験区」に指定したことで、転機が訪れた。台湾との経済協力モデル地区として、台湾の企業や人材を呼び込む「対台湾特区」の建設が急ピッチで進められているのである。二〇一一年に具体的な計画が公表され、二〇三〇年まで長期にわたってインフラ整備が継続される方針が示された。難点だった交通アクセスも、二〇一〇年に大陸と島を結ぶ全長五キロ、片側三車線の平潭海峡大橋が開通し、大幅に改善された。

大陸側から平潭海峡大橋を渡ると、高層ビル群が目に飛び込んでくる。ここだけを見ると、まるで中国の経済発展をリードする上海か広東省深圳のようだ。私はアモイから車で三時間かけ、北東に二〇〇キロ以上離れた平潭島にやって来たのだが、運転してくれたアモイ在住の知人は「まるで第二のアモイだね」と感想を漏らした。改革・開放政策で経済特区に選定された同じ福建省の島、アモイの歴史と繁栄ぶりを重ね合わせたのだろう。ただし、現在は高層ビルが建ち並ぶ一方で、昔ながらの漁村が残り、手付かずの丘陵地や空き地も多く、開発途上の状態だ。

台湾企業への優遇措置

「平潭総合実験区」では、進出企業に対して法人税や関税、付加価値税などが減免され、先進製造業やサービス業、金融業などはさらに税金が還付されるが、台湾企業には他の外資より手厚い優遇措置が保証されている。例えば、台湾以外の外資には投資銀行、投資信託、保険仲介・代理、資産管理業、海上コンテナターミナルなどへの参入は規制されているが、台湾企業には認められている。また、台湾人ビジネスマンには所得税補助金制度が適用され、住宅取得でも有利な扱いを受けるなど、至れり尽くせりの厚遇ぶりだ。

「両岸（中台）共同のふるさと」をキャッチフレーズにする総合実験区では、当初、島の一部地域で行政管理まで台湾人に任せる計画もあった。そのため、台湾から人材を募集して、総合実験区管理委員会の幹部などに登用しようとしたが、台湾の法は住民が中国の行政府で就業することを禁じていることから、思惑通りにはいかなかった。それでも今後、台湾の車のナンバーや医師免許のほか、独自の新聞発行やテレビ放映まで認める構想もあるという（『産経新聞』二〇一二年四月二〇日朝刊）。

平潭島と台湾海峡を挟んで台北、台中を結ぶ中台共同運航の高速船も一日一〜二本運行されており、片道二時間半ほどで到着する。総合実験区管理委員会は、こうした特典を売り物に台湾企業に対する働き掛けを強め、二〇一五年九月時点で台湾企業四八二社が進出し、総投資額は約一二億米ドルに上る（『毎日新聞』二〇一六年一月二一日朝刊）。

台湾の商品を免税で販売する「台湾商品免税市場」の入口ゲート（2016年8月21日、平潭島にて）

台湾商品免税市場

総合実験区で台湾優遇のシンボルとなっているのが、二〇一四年に開設された「台湾商品免税市場」だ。関税を課さないので、価格は区外より三割程度安く、訪れた人は一日一人六〇〇〇元（約九万六〇〇〇円）まで免税で購入することができる。

市場をのぞくと、食品や酒、医薬品、衣服、工芸品などさまざまな店が入居し、あらゆる種類の台湾製品が所狭しと並べられていた。夏休みだったので家族連れが多く、洗剤や菓子、薬などを次々と買い求めていた。市場の中で営業している台湾料理店に入ると、昼時とあって満員だった。席が空くとすぐに新しい客で埋まるなど、大変なにぎわいぶりだ。新竹名物の焼きビーフンや魚肉団子入りスープなどを注文してみたが、本場と変わらない味だった。

もう一つの台湾優遇の象徴が、台湾の若手起業家を集め、二〇一五年にオープンした「台湾創業園」だ。研究開発や職業訓練などができる施設を備えており、資金調達もしやすい。両親が「台湾商品免税市場」に出店している台湾北部・宜蘭県出身の二四歳の青年は「中国では幼児教育熱が高まっており、台湾の教育関連商品を売り込むチャンスだ。ここでは、アイデアがよければ、一五万元の援助を受けられる」とベンチャービジネスへの意欲を語っている（中国『中国新聞社電』二〇一六年八月二一日）。

「台湾海峡西岸経済区」

ここで、「平潭総合実験区」の上位プロジェクトである「台湾海峡西岸経済区」について説明しておこう。このプロジェクトは福建省を中心に、浙江省西南地域、広東省東北地域、江西省東部も含む地域と台湾を一体化して発展を加速させ、一人当たり域内総生産（ＧＤＰ）を東部沿海地域の水準まで引き上げることを目標としている。カバーする人口は六〇〇〇万人を超え、一つの国家に匹敵する規模である。地域内の鉄道や高速道路、空港、港湾などのインフラを整備して交通ネットワークを構築し、国際的にも競争力のある製造業の拠点となることを目指す。

プロジェクトには、中台間の経済融合を進め、将来の統一に道筋をつけようという狙いがある。そのため、台湾企業を優遇し、台湾の資本や技術を導入してＩＴ（情報技術）・電子産業などを発展させる計画だ。中台直行便の主要ルートを整備し、中台交流の最前線としての機能も備える（『新華社電』二〇〇九年五月一四日）。

「台湾海峡西岸経済区」は胡錦濤《こきんとう》政権時代の二〇〇九年五月、国家プロジェクトとして始動したが、原型は二〇〇四年一月に福建省政府が提起した構想だ。習近平は二〇〇二年一〇月に福建省長から浙江省共産党委員会（党委）副書記に異動しているが、構想は習が中心になって練られたと言われている。習が長年温めていた台湾を活用した経済発展構想が、ようやく国家レベルで動き出したのである。公式には前任の胡政権が着手したプロジェクトではあるが、後を引き継いだ習がさらに力を入れていくのは間違いないだろう。

埠頭正面の斜面に建てられた習近平の巨大な看板（2016年8月21日、平潭島にて）

3．「実験区」にかける習近平の思い

看板が語る将来像

一九八五年から一七年間福建省で勤務した習近平は、「台湾海峡西岸経済区」や「平潭総合実験区構想」の立案に関わり、国家主席就任後も含めると二〇回以上、総合実験区を視察している。そんな習の思い入れの強さを物語るのが、平潭島の埠頭正面の斜面に建てられた巨大な看板である。看板には、にこやかな笑顔で手を振る習近平の姿とともに、「両岸は一つの家族　一緒に中国の夢をかなえよう」というスローガンが大書されている。埠頭で高速船を降りた台湾人ビジネスマンたちは、いやが応でもこの看板と向き合うことになる。台湾人に向けた強烈なメッセージと言えよう。

改革・開放政策の中心地・深圳の中心部に設置された鄧小平の巨大な看板（1998年11月30日、深圳市にて）

中国で改革・開放政策を進めた鄧小平は、毛沢東に対する個人崇拝によって社会が大混乱した文化大革命（一九六六〜一九七六年）の反省から、一九八二年に共産党規約の改正を主導し、「いかなる形式の個人崇拝も禁止する」と明記させた。しかし、改革・開放政策を象徴する場所である深圳の中心部には、「（共産）党の基本路線は一〇〇年間揺らがない」と書かれた鄧の巨大な看板が設置された。平潭島で習近平の看板を目にした時、かつて深圳で見た鄧の看板が二重写しになった。

「改革・開放の総設計師」として代々語り継がれる鄧小平のように、習近平は「台湾統一への道筋をつけた最高指導者」として歴史に名を刻みたいのではないか――。見る者にそんな思いさえ抱かせる習の看板である。

台湾人企業家を重視

習近平は、最近では二〇一四年一一月に「平潭総合実験区」を視察している。この時、台湾人企業家と開いた座談会で、習が福建省勤務時代に築いた人脈と彼らを重視する姿勢が垣間見えた。

「凱泰《がいたい》、よく来てくれたね」。座談会に臨み、習近平は旧知の台湾自動車大手・裕隆グループの厳《げん》凱泰会長を見かけ、ファーストネームで呼び掛けた。国家主席である習が、メディアが集まる衆人環視の場で台湾の一経営者に過ぎない厳をファーストネームで呼ぶのは、よほど親しい間柄でないとあり得ない。裕隆グループは一九九五年、福建省の企業と合弁で自動車メーカーの東南汽車を設立し、これがきっかけで厳は福州市党委書記だった習と知り合う。東南汽車が浙江省杭州市に工場を建設しようとして中国政府から問題点を指摘された際、習が解決に尽力したことで、二人の関係は深まった。

この座談会には、厳凱泰のほかに液晶テレビ受託生産大手・冠捷科技（TPVテクノロジー）の宣建生《せんけんせい》会長、化学大手・台湾プラスチックグループの王文淵《おうぶんえん》会長、半導体大手・聯華電子（UMC）の洪嘉聰《こうかそう》会長、タッチパネル大手・宸鴻科技（TPK）の江朝瑞《こうちょうずい》会長ら台湾の著名な経営者九人が参加した。

座談会では九人がそれぞれ意見を述べることになっていたが、習近平の視察日程がタイトだったので、随行者が四人目のところで腕時計を指さし、習に途中で打ち切るよう求めた。習はそれを無視して座談会を続け、六、七人目のところで随行者が改めて時間がないと警告したが、習は結局、九人全員に発言させた（『中国時報』電子版、二〇一四年一一月四日）。こうした習の台湾人企業家への配慮は、メディアを通じて台湾側にも伝えられた。

「福建自由貿易試験区」

「台湾海峡西岸経済区」や「平潭総合実験区」に対する習近平の思いがさらに明確になったのが、中国政府が平潭島をアモイ、福州とセットで「福建自由貿易試験区」に指定したことだ。これで福建省は上海などと並んで、中国で最も進んだ規制緩和を実行することができるようになった。

「自由貿易試験区」は二〇一三年九月、上海市浦東新区の四保税区計約二九平方キロでスタートした。投資を認めない分野だけを示し、それ以外は自由にする「ネガティブリスト方式」を採用しているのが特徴だ。リストアップされた一九〇項目のうち、禁止されたのはレアアース採掘や武器弾薬製造、ニュースサイトへの投資など三六項目だけである。対外開放に厳しい枠をはめてきた金融、海運、文化など六領域一八業種でも規制が緩和され、民間銀行と外資系金融機関の合弁や外資系企業の教育、医療分野への参入も可能になった。

「上海自由貿易試験区」は、鄧小平が手掛けた経済特区をモデルに、再び改革・開放のうねりを呼び起こすことを狙ったものだ。一年半が経過した二〇一五年四月、同様の「自由貿易試験区」を福建省、広東省、天津市にも設置した。

「福建自由貿易試験区」は平潭島、アモイ、福州の三つのエリアから成り、総面積約一一八平方キロ。主要な任務に「両岸経済協力の促進と、両岸の融和的発展のための新モデルの構築」を掲げており、台湾投資家に対するサービス貿易の自由化、海運部門のさらなる開放、平潭島を国際観光島にする計画などが盛り込まれている。

習近平が「自由貿易試験区」を上海以外の地域にも広げる方針を示したのは、二〇一四年一〇月末だった。その直後に平潭島を視察したので、同島が「自由貿易試験区」指定の最有力候補地に浮上していた（『日本経済新聞』二〇一四年一一月四日朝刊）。実際にその通りになったことからしても、「福建自由貿易試験区」の指定に習近平の強い意向が働いたことは間違いないだろう。

出稼ぎ漁民の「海上旅館」

平潭島には、もう一つ台湾と関係するエピソードがある。この島は、かつては寂れた漁村で、一九七〇年代末ごろから、台湾の漁民が島の沖合に来るようになり、捕れた魚と台湾の日用品や電気製品などを物々交換していた（野嶋剛『台湾とは何か』ちくま新書）。

そうした経緯があったため、平潭島はその後、台湾への出稼ぎ漁民の供給地となる。台湾では一九九〇年代に入り、人手不足や人件費の高騰が進み、台湾の漁船主は賃金の安い中国や東南アジアなどの漁民を雇うようになった。台湾政府によると、二〇〇二年には、台湾の遠洋漁船で二万〜二万五〇〇〇人、近海漁船で約五〇〇〇人の中国漁民が働いていたが、その多くが平潭島から派遣されていた。

しかし、台湾は当時、中国人の入境を禁じていたので、中国漁民は上陸して宿泊することができなかった。そこで考え出されたのが、規制の及ばない領海一二カイリの外側に停泊する船で寝泊まりする「海上旅館」である。一隻に数十人の中国漁民がすし詰め状態で暮らすのが普通だった。

二〇〇二年に、台湾南部・屏東県東港沖合五キロに浮かぶ「海上旅館」を取材したことがある。早朝、漁船をチャーターして約二〇分走ると、古い漁船を改造した「海上旅館」が見えた。船上では男たちが歯を磨いたり、洗濯したりしている。近付くと、船内から男たちが次々と甲板に姿を現し、物珍しそうにこちらを見ている。あの時目が合った漁民は平潭島出身だったのかもしれない。

「海上旅館」で生活する中国漁民たち。多くが平潭島出身者だった(2002年2月7日、屏東県東港沖にて)

中国政府は、労働環境の劣悪さや差別待遇を理由に、二〇〇二年二月、漁民の新規出稼ぎを一時的に禁止した。同年七月には、台湾南部の高雄沖に停泊していた「海上旅館」で火災が発生し、一三三人がヘリコプターで救出されたものの、一人が死亡する事故も起きた。現在では台湾の中国人受け入れ政策も変わり、「海上旅館」は姿を消した。だが、かつて平潭島が今とは違う形で、中国と台湾との「経済協力」の一端を担っていたことを思うと、不思議な因縁を感じる。

III　習近平が見据える「台湾」

一　重要講話に込められた本音

1．台湾に対する思い

『国政運営を語る』を刊行

米中台を結ぶ三角形は、その時々の三政権の方針によって形を変える。選挙で選ばれる米国と台湾に比べて、共産党一党独裁の中国は継続性が強い。とはいえ、トップの考えに大きく左右されるのも事実だ。習近平は福建省勤務が長く「台湾通」と言われる。その習の「台湾観」を探ってみよう。

二〇一二年一一月の第一八回共産党大会で、習近平は党総書記と党中央軍事委員会主席に就任した。翌二〇一三年三月の全人代で国家主席に選出され、党・軍・国家のトップとして三権を掌握する。二〇一四年一〇月には、国務院新聞弁公室が共産党中央文献研究室、中国外文出版発行事業局と共同で習の重要講話を収容した『習近平談治国理政』（邦訳『習近平　国政運営を語る』、ともに外文出版社）を出版した。中国のリーダーの発言集は党員に配布して指導を徹底するとともに、党の権威付けに利用するのが狙いだ。これまでも、毛沢東、鄧小平、江沢民らのものが刊行されているが、引退後が多く、党総書記就任から二年足らずでの発行は異例の早さだ（工藤哲『中国人の本音』平凡社新書）。同書には、習が総書記就任直後の二〇一二年一一月から二〇一四年六月にかけて行った演説、談話、講演、インタビューへの回答、指示、祝賀メッセージなど七九編が収められている。内政、外交など全部で一八に分けられた章のうち、第一〇章が『「一国二制度」の実践を豊かにし、祖国の統一を推進」のタイトルで、香港・台湾問題に充てられている。この本に沿って、習の台湾問題についての公式発言を紹介しながら、それに込められた本音を探ってみよう。

中華民族の偉大な復興

台湾に関する五つの談話で、頻繁に登場するのが「中華民族の偉大な復興」「中国の夢」というフレーズである。例えば、二〇一三年四月八日、中国海南省博鰲《ボアオ》で開かれたボアオ・アジアフォーラムに出席した蕭万長《しょうばんちょう》・前台湾副総統が率いる代表団と会談した際、習近平は「両岸の同胞は心から団結・協力し、中華民族の偉大な復興という中国の夢の実現に向け、共に努力・奮闘しなければならない」と強調している。二〇一四年二月一八日に台湾の財界関係者を引き連れて訪中した連戦《れんせん》・国民党名誉主席ら一行と会談した時の談話のタイトルは、ずばり「中華民族の偉大な復興という中国の夢を共に実現する」である。

習近平は二〇一三年三月の全人代で「『中国の夢』とは『中華民族の偉大な復興』を実現することだ」と語り、それ以後もこのスローガンを繰り返している。「中国の夢」には、個人・社会・国家の三つのレベルにおける意味付けがある。国家レベルでは、中国という国家が「本来あるべき姿」として強く豊かになり、第一次アヘン戦争（一八四〇～一八四二年）以来の屈辱の歴史をそそぎ、「中華民族の偉大なる復興」を遂げることだとされている（三船恵美『中国外交戦略』講談社選書メチエ）。

台湾は、日清戦争に敗れた清朝が、下関条約によって一八九五年に日本に割譲した。中国にとって、台湾を失ったことは屈辱の歴史の中核を成す。習近平が掲げる「中華民族の偉大な復興」や「中国の夢」には、台湾統一が組み込まれているのである。自国の目標を台湾にも押し付けている形だが、台湾を取り込むには「アメ」が欠かせない。二〇一三年四月の談話では、「我々は、もっと台湾同胞の要求と利益に配慮し、投資と経済協力の面で台湾企業に大陸企業と同等の待遇を与え、両岸の経済協力の深化のためにより大きな空間を提供していく」と、台湾企業を優遇することを約束している。

一つの家族

さらに、『習近平談治国理政』では、「両岸は一つの家族」との言い回しが目立つ。二〇一四年二月の連戦との会談では、「両岸同胞は一つの家族であり、共通の血のつながり、共通の文化、共通の結び付き、共通の願いを持っている」と畳み掛けている。

連戦とは旧知の仲だったので、リラックスしたのだろうか。この会談では、「私と連主席は、何度も会ったことがある古い友人だ」と前置きし、「数百年前に生活の糧を求めて『黒水溝（台湾海峡）』を越えて台湾に行った人々（本省人）も、数十年前に台湾に渡った人々（外省人）も、広範な台湾同胞はみな血を分けた我々の肉親である」と、台湾社会の対立構造となっている本省人と外省人の融和への気配りまで見せている。そして、「血は水よりも濃い」との決めゼリフとともに、「両岸が歩み寄り、同胞が再び一緒になることは共通の願いであり、どんな力も我々を引き裂くことはできない」と情に訴えるのである。

こうした発言は、習近平に限ったものではなく、これまでの中国の指導者も度々口にしている。ただ、台湾で二〇〇八年に国民党の馬英九政権が発足してから、中台関係が急速に改善された余裕からか、台湾の人たちに親しみを持ってもらおうとアピールする姿勢が前面に出ている。

2. 「一つの中国」堅持を求める

「九二年コンセンサス」が交流の基礎

中国が台湾との交流の基礎と位置付けているのが「九二年コンセンサス」と呼ばれる合意である。これは中台の交流窓口機関が一九九二年に香港で開いた事務レベル協議で形成したとされる。国民党はこの合意の中で、中台はともに「一つの中国」の原則を堅持することを確認したが、「一つの中国」の中身についてはそれぞれ解釈することで一致したと主張している。双方が「一つの中国」の定義にこだわれば、中国は「中華人民共和国」、台湾は「中華民国」で譲れないので、何とか交渉を実現するため折り合ったというのが国民党の言い分である。

実際には、中国は「一つの中国」は何を指すかについて「それぞれ解釈する」ことをはっきりとは容認しておらず、あえて曖昧にしている。中国にとっては、現段階ではまず、台湾側が「一つの中国」という共通の土台に乗ることが重要だからだ。民進党は、こうした矛盾を「合意なき合意」と批判し、「九二年コンセンサス」の存在そのものを認めていない。

習近平は二〇一四年二月の連戦との会談で、「両岸双方は『九二年コンセンサス』を堅持し、台湾独立反対という共通の基礎を固め、『一つの中国』の枠組みを守る共通認識を深めなければならない」と呼び掛けている。ただ、この時期までは、「九二年コンセンサス」に対する言及はそれほど多くない。

独立に向けた動きには厳しく対応

一方、習近平は台湾独立に向けた動きには厳しく対応している。二〇一三年六月一三日に北京で呉伯雄《ごはくゆう》・国民党名誉主席と会談した際は、「台湾独立勢力やその分裂活動は、依然として台湾海峡の平和にとって現実的な脅威だ」と批判し、「どんな形であれ台湾独立の主張と活動には引き続き反対し、抑え込まなければならず、いかなる妥協もあってはならない」と断じている。

この会談は、習近平が国家主席に就任して初めて国民党幹部と会う場だったので、どんな話をするか注目されていた。習は会談で、「中華民族」としての意識の共有を中心とした台湾政策を披露し、台湾独立反対を柱の一つに位置付けた。習の主張に対し、呉伯雄も「台湾独立に反対するのは国民党と共産党の一致した立場だ」と応じている（『産経新聞』二〇一三年六月一四日朝刊）。国民党と同様に中台融和を重視する台湾の野党・親民党の宋楚瑜《そうそゆ》主席との会談（二〇一四年五月七日）でも、「台湾独立勢力の分裂の企みを阻止する確固たる意志は決して揺らぐことがない」とくぎを刺している。

日本統治時代は負の歴史

中国と台湾は同じ「中華民族」であり、「中国は一つ」と訴えるのに、習近平がよく持ち出すのが日本の台湾統治だ。二〇一四年二月の連戦との会談では、「一二〇年前の甲午《きのえうま》の年、中華民族は国力が衰えていたため、台湾を外国に侵略・占拠された。これは中華民族史上、悲惨極まりない一ページであり、両岸同胞に胸をえぐられるような痛みを与えた」と同情の意を表明している。

日本の台湾統治を「外国による侵略・占拠」と捉える論法である。日本を「共通の加害者」にすることで、中台の絆を深めようとの思惑が透けて見える。そのことを強調するために、「歴史が台湾同胞に残した傷と痛みを、我々は自らのこととして感じている。それは中華民族にとって共通の傷跡だからだ」と踏み込んでいる。

だが、台湾ではこのところ、日本統治時代を冷静に評価しようという機運が高まっている。数年前から、日本統治時代を描いた映画や漫画が大ヒットしたり、当時の建物を再利用して街づくりに生かそうとしたりするなど、「日本統治時代ブーム」と言える現象が起きているのである。日本統治を「悲惨な時代」と一面的に決め付けて台湾の人たちの心を引き寄せようとするやり方は、効果的だとは思えない。

3. 中台統一に向けて

意見の相違は徐々に解決

中国にとって「台湾統一」は絶対に下ろせない看板だが、その時期を具体的に示したことはない。中国には切迫した課題が山積しており、現状維持が続く限り、台湾問題は緊急に解決しなければならないテーマではないからだ。

習近平も二〇一四年二月の連戦との会談で、「歴史的、現実的な要因から、ここしばらくは両岸関係に存在する多くの問題を解決することは難しいが、それでも構わない」と話している。この会談では、中台間の政治的意見の相違について、「一つの中国」の枠組み内で台湾側と協議し、処理するとした上で、「世界には多くの問題があり、一挙に全てを解決することはできないものばかりだが、話し合いを続ける限り希望がある」と、気長に対処していく考えを明らかにしている。

ただし、中国政府は二〇〇〇年の台湾総統選挙前に公表した『台湾白書』で、中国が台湾に武力行使する条件として「台湾が統一交渉を無期限に拒絶した場合」を新たに加えている。これは台湾側の猛反発を招いたが、統一への期限を決める権利は中国側にあるという態度は崩していない。

自分の代で解決する

そうした状況の下、台湾問題解決の時期に触れたとも受け取れるのが、二〇一三年一〇月六日、ＡＰＥＣに出席するため訪れたインドネシア・バリ島で、台湾代表の蕭万長と会談した時の発言だ。習近平は「両岸に長期にわたって存在する政治的意見の相違は徐々に解決していかなければならず、次の世代に残してはならない」と、台湾問題を自分の代で解決する意欲を示したのである。

国家の指導者がこうした表現をするには、通常、強い決意を伴うものだ。安倍首相は二〇一五年八月に発表した戦後七〇年談話で、歴史問題について「私たちの子や孫、そしてその先の世代の子どもたちに、謝罪を続ける宿命を背負わせてはなりません」と述べたが、習近平発言と通底するものがある。実際、日本政府は同年暮れ、慰安婦問題を最終決着させることで韓国政府と合意している。もっとも、当時大統領だった朴槿恵《パククネ》が弾劾・罷免され、二〇一七年五月、後任に日本との再交渉を主張する革新系の文在寅《ムンジェイン》大統領が就任したことで、合意の先行きは不透明になっている。

蕭万長との会談では、張志軍《ちょうしぐん》・中国国台弁主任と王郁琦《おういくき》・台湾大陸委員会主任委員の二人が同席して初めて顔を合わせた。二人はそれぞれ中台問題を主管する官庁のトップであり、習近平には中台対話を公式なものに昇格させるとの意気込みがあったと見ていい。張と王は翌二〇一四年二月、中国南京市で初の会談を行い、中台の政府間対話が実現した。

弱者層への配慮

中国の台湾政策には、「三中一青」と呼ばれる方針がある。民進党支持者が多い中小企業、中南部、中低所得層と青少年を重視する政策で、こうした層を中国に引き付ければ、統一への道筋がつけやすくなるとの考えに立っている。習近平も二〇一四年五月の宋楚瑜との会談で、特にこの面を強調した。

この中で、習近平は「我々は、台湾の民衆、とりわけ末端の人々の現実的な要求を理解した上で、積極的で有効な対策を講じて支援し、より多くの台湾の民衆が両岸の経済交流・協力の恩恵を受けることができるようにしたい」と、台湾の弱者層への配慮を見せた。また、中台の青少年交流の重要性に触れ、「彼らがもっと行き来して交流し、両岸関係の平和的発展の潮流と中華民族の偉大な復興の趨勢を感じ、今後、両岸関係の前途を切り開き、民族の偉大な復興を実現する重責を担えるようにしなければならない」と説いている。

この会談直前の二〇一四年三月から四月にかけ、台湾で中台サービス貿易協定に反対する学生らが立法院（国会）を二四日間にわたって占拠する「ひまわり学生運動」が起きた。中台サービス貿易協定は二〇一三年六月に締結されたものの、医療、金融、建設などの分野で互いに市場開放するため、台湾では「中小業者の倒産が相次ぐ」という反対論が根強かった。学生運動はこうした市民感情をバックに発生したもので、世論も学生たちの行動を支持した。

習近平としては、学生運動の背景にある「中台サービス貿易協定は中小企業に不利益」との懸念を和らげ、運動の主役となった青少年層の関心を引こうとしたのだろう。しかし、この運動がきっかけとなって民進党が勢いを増し、二〇一六年一月の総統選挙で勝利を呼び込むことになった。習の言葉は台湾の弱者層や青年層には届いていなかったのである。

二　蔡英文への回答

1．まずは内政に注力

経済改革と反腐敗運動にめどをつける

『習近平談治国理政』を読み解いて分かったように、習は二〇一四年夏頃までは台湾問題でそれほど目立った発言はしていない。この当時の習を取り巻く状況を見ておこう。

二〇一二年一一月に共産党総書記と党中央軍事委員会主席、二〇一三年三月に国家主席に就任した習近平にとって、喫緊の課題は経済改革だった。前任の胡錦濤政権は、二〇〇八年に起きた米国発の金融危機であるリーマン・ショック対策として、四兆元に上る大型の経済刺激策を実施した。当初は世界経済の救世主と国際社会からもてはやされたが、それによって鉄鋼やセメントをはじめとする過剰生産や不動産の過剰在庫が発生し、中国経済にとって重い足かせとなる。

経済改革の道筋を定めた二〇一三年一一月の共産党中央委員会第三回全体会議（三中全会）を機に、習近平は李克強《りこくきょう》首相に代わって自ら改革の先頭に立つ。二〇一四年五月からは、中国経済は「新常態（ニューノーマル）に入った」と繰り返すようになった。かつてのような高度成長は追い求めない方針を明確にし、中国経済の方向性を固めたのである。

もう一つ、習近平が全力を挙げたのが反腐敗運動だ。二〇一四年六月、共産党は軍の制服組トップで党中央軍事委員会副主席を務めた徐才厚《じょさいこう》について、収賄容疑などで刑事責任を追及し、党籍を剝奪することを決めた。同年七月には、「最高指導層である共産党政治局常務委員経験者には手を付けない」との不文律を破って、党序列九位の政治局常務委員だった周永康《しゅうえいこう》に「重大な規律違反があった」として調査・立件するとの決定を公表した。

二〇一五年に入っても腐敗追放キャンペーンは続くが、二〇一四年夏は最大の山場だった。経済改革と反腐敗運動に一定のめどがつき、習近平はようやく他の課題に取り組む余裕ができたのである。

改善が進む中台関係

習近平がまず内政に重点を置いたこととともに、対台湾政策で得点を上げるのが難しかったことも、習が本腰を入れてこなかった理由の一つに挙げられる（范世平《はんせへい》『習近平対台政策與蔡英文之挑戦』博誌文化）。

二〇〇八年五月に発足した台湾の馬英九政権は、対中経済交流を積極的に進めた。二カ月後には中台直行チャーター便を運航させ、それまで規制していた中国人観光客の受け入れに踏み切った。台湾を訪れる中国人観光客は、二〇一五年には計四一四万人に上り、国・地域別では最も多い（台湾内政部統計）。二〇〇九年八月からは直行便を定期便化し、長年の懸案だった「三通」を実現させた。

貿易・投資面でも大幅な規制緩和に乗り出す。二〇〇九年七月には、自動車やパソコン、電子部品、通信、運輸など一〇〇項目で中国企業の直接投資を解禁した。二〇一〇年六月には、主権国家間で締結される自由貿易協定（ＦＴＡ）に相当する中台経済協力枠組み協定（ＥＣＦＡ）を結び、中国側五三九品目、台湾側二六七品目の関税を撤廃することで合意した。

こうした一連の接近策を受け、中台関係は改善されていく。だが、これらはあくまで胡錦濤の業績であり、同じ路線で策を打ち出しても、習近平にとっては政治的なアピールにはならなかった。他方で、共産党内には、経済面で台湾に大きく譲歩しているのに、台湾が政治対話には応じようとしないことへの不満が高まっていた（『習近平対台政策與蔡英文之挑戦』）。習はこの点で、何か手を打つ必要性に迫られていた。

2.「一国二制度」を公言

蔡英文の強気の発言

一方、台湾では、二〇一四年三月に起こった中台サービス貿易協定に反対する「ひまわり学生運動」を機に、「このままでは中国にのみ込まれてしまう」という危機感が高まり、馬英九政権が進める中台融和策に対する批判が勢いを増してきた。それに比例して民進党の支持率は高まり、同年五月に主席に返り咲いた蔡英文の人気も急上昇していく。一一月に控えた統一地方選挙は、民進党の勝利が確実視される情勢だった。

追い風を受けた蔡英文は七月、台湾誌『天下雑誌』の単独インタビューに応じ、「統一地方選挙で民進党が勝てば、中国は民進党に対する方向性を調整するだろう」と述べ、その先の二〇一六年一月の総統選挙についても「中国は、民進党が勝つ可能性が高いと判断すれば、（民進党に対して）新たな条件を出してくるだろう」と強気の発言を行った（二〇一四年七月一五日号）。政権奪取への自信とともに、政権交代が現実味を帯びれば、中国も政策を変更せざるを得ないだろう、との読みを示したのである。台湾政策で旗幟を鮮明にしない習近平に、揺さぶりをかける狙いもあっただろう。

衝撃の習近平発言

こうした状況の下、台湾では、福建省勤務が長く「台湾通」として名高い習近平がいつ独自色を出してくるのかが関心の的になっていた。その第一弾は、台湾の統一地方選挙が迫った二〇一四年九月二六日に現実のものとなる。習近平は訪中した台湾の統一派団体や親中派政党・新党の郁慕明《いくぼめい》主席らと北京で会談し、「平和統一、『一国二制度』は台湾問題解決の基本方針だ。我々は、これが国家統一の最良の方法だと思っている」と述べ、台湾に衝撃を与えたのである。

「一国二制度」は一つの国家の中に、社会主義と資本主義という二つの制度が共存するシステムだ。元々は鄧小平が台湾統一のために提案したものだが、一九九七年に英国から返還された香港と一九九九年にポルトガルから返還されたマカオで実施されている。

台湾側は「一国二制度」については、民進党はもちろん、国民党も「中央政府と地方政府の関係であり、対等ではない」と絶対拒否の姿勢を貫いている。それだけに、中国の公式見解ではあっても、最高指導者が「一国二制度」を公然と口にするのは極めて異例だ。習近平が言及したのも、これが初めてだった。まして、台湾の代表団に向かって語ったとなれば、馬英九政権が進めてきた中台融和路線に冷水を浴びせたも同然だった。

この習近平発言に、馬英九政権は激しく反発する。総統府は同夜、「政府と人民は『一国二制度』は受け入れられない」との馬総統の声明を出した。大陸委員会もプレスリリースを発表し、「世論調査では、『一国二制度』は認められないというのが台湾の主流の民意だ」と反論した（台湾情報誌『交流』二〇一五年二月号）。

馬英九政権発足後、中台間で「一国二制度」が取り上げられることは少なくなり、大陸委員会も二〇〇八年八月を最後に、同制度に関する世論調査は行っていなかった。二〇〇八年八月の世論調査では、「一国二制度」について反対八一・七％、賛成一三・二％、意見なし五・一％との結果が出ている。そんな「一国二制度」を、あえて持ち出したのはなぜなのか？　台湾では、習近平の真意についてさまざまな憶測が飛び交った。

台湾側当事者の見方

台湾の当事者たちは、習近平の「一国二制度」発言をどう受け止めたのだろうか。それを知ろうと、私は二〇一五年八月、台北で郁慕明・新党主席にインタビューした。一年近く前のことだったが、郁は鮮明に覚えていた。

インタビューに答える郁慕明・新党主席（2015年8月12日、台北市にて）

「新党」は固有の政党名である。一九九三年に、国民党の李登輝主席（総統）に批判的な反主流派の若手立法委員七人が離党して結成した。郁慕明もその一人だ。積極的な対中政策を掲げて外省人を中心に支持を集め、一九九五年の立法委員選挙では二一人を当選させて国民党、民進党に次ぐ第三勢力に躍り出た。しかし、台湾人意識の高まりとともに党勢は衰え、二〇〇八年の立法委員選挙以来、議席を失ったままだ。台湾での存在感は薄れているが、中国からは優遇され、中国とのパイプ役を果たしている。

会談は北京の人民大会堂で行われ、台湾側は元抗日戦士で統一派の大御所、許歴農《きょれきのう》を団長とし、約二〇の統一派団体が参加した。中国側は習近平の懐刀と言われる栗戦書《りつせんしょ》・共産党中央弁公庁主任や外交の要である楊潔篪《ようけつち》国務委員（副首相級）、胡錦濤の側近だった令《れい》計画《けいかく》・党統一戦線工作部長（反腐敗運動で失脚し、二〇一六年七月に収賄罪などで無期懲役の判決）らが同席した。

郁慕明は、習近平の発言について、「両岸は『九二年コンセンサス』を基礎として、『一国二制度』による平和統一を目指し、台湾独立には反対という非常に明快な立場を表明した」と受け取っている。台湾側の参加者も次々と意見を述べたが、いずれも統一派とあって、習の発言に対して、特に反発や反論はなかったという。

3. 畳み掛ける習近平

大地が動き、山が揺れる

習近平はこの「一国二制度」発言を皮切りに、立て続けに矢を放つ。二〇一五年三月四日、国政助言機関である中国人民政治協商会議（政協）の対台湾部門分科会に出席し、強い言葉で「九二年コンセンサス」の堅持を訴えた。

この分科会は、民主諸党派である中国国民党革命委員会（民革）、台湾民主自治同盟

（台盟）と同郷会組織である中華全国台湾同胞聯誼会（台聯）の政協委員らが開いた。民主諸党派とは、中国が共産党一党独裁ではなく、多党制であることを示すため、存在を認められた八つのミニ政党を指す。だが、実態は共産党の補助勢力であり、影響力はほとんどない。最高指導者がこのような分科会に参加するのは珍しく、習近平もこの時が初めてだ。

習近平はこの席で、『九二年コンセンサス』は両岸の相互信頼構築や対話促進、関係改善と発展に取って代わることができない重要な役割を果たした」と評価した上で、「もし、この政治的基礎が壊れると、両岸の相互信頼はなくなり、元の不穏で不安定な道に戻ってしまう」と述べた。さらに、「基礎不牢、地動山揺（基礎がしっかりしていないと、大地が動き、山が揺れる）」と激しい言葉でだめ押ししたのである。

「基礎不牢、地動山揺」の部分は、国台弁のホームページに掲載された『新華社電』にはない。台湾側の反発が大きかったため、削除したようだ。だが、台湾メディアは習近平の対台湾政策の本音を示すキーワードとして、その後も「地動山揺」を常用している。

交流条件を緩和か

一方、この会談における習近平の言い回しの変化に着目した研究者もいる。台湾政治の専門家である松本充豊・京都女子大学教授は、習が短い講話の中で「両岸関係の平和的発展」という言葉を六回も繰り返したことから、「二〇一四年九月の『一国二制度』発言に比べて、『平和的発展』に重点が置かれた印象を受ける」（『交流』二〇一五年五月号）と指摘する。

また、習近平はこの会談で「我々は終始『九二年コンセンサス』を堅持することを、台湾の当局や各政党との交流の基礎と条件としてきたが、核心は大陸と台湾がともに一つの中国に属すると認識することだ。これができれば、台湾のどの政党や団体も大陸と交流するのに何ら障害は存在しない」（『新華社電』二〇一五年三月四日）とも述べている。

この発言について、松本は「『九二年コンセンサス』は譲れないが、『大陸と台湾がともに一つの中国に属する』ことさえ認めればよい、とのメッセージにも受け取れ、交流の基礎と条件をわずかに緩めた感がある」と分析する（『交流』二〇一五年五月号）。厳しい言葉と甘い言葉を巧みに織り交ぜながら、台湾側にボールを投げ掛ける様は、正に押したり引いたりの駆け引きと言っていいだろう。

国家安全法を施行

二〇一五年七月にも、習近平は台湾に対する挑発とも言える手を繰り出してきた。全人代常務委員会で国家安全法を可決し、即日施行したのである。同法は幅広い分野で国家安全に関する方針を定めているが、「国家主権と領土統一の維持は、香港、マカオ、台湾を含む全中国人民の共同の義務だ」（第一一条）と規定している。

同法は、国家安全について「国家の重大な利益が危険や内外の脅威にさらされることがない状態」と定義し、想定する脅威の分野は政権や領土、経済、文化、教育、インターネット、宇宙空間など多岐にわたっている。領土を巡っては、国境や海洋、空域の防衛のために「あらゆる必要な防衛・コントロール措置を取る」（第一七条）と明記している。これにより、南シナ海問題なども含め、領土・領海・領空の主権では一切妥協する意思がないことを宣言したことになる。

中国がこの法律を制定するに当たって、台湾側には事前に相談や連絡はなかった。これに対し、大陸委員会は「一方的であり、台湾人の尊厳を傷付ける」との抗議声明を発表した（『毎日新聞』二〇一五年七月三日朝刊）。北京の民主活動家は、「海外で反中活動に参加したことがある香港や台湾の活動家が、観光やビジネスなどの目的で中国本土に入ったときに逮捕、起訴される可能性が出てきた。多くの人は萎縮すると思う」と話している（『産経新聞』電子版、二〇一五年七月三日）。

台湾総統府を制圧？

同月には、台湾の人々をさらに不安に陥れる出来事があった。『中国国営中央テレビ』が放送した軍事演習の特集で、内モンゴル自治区の訓練基地を前進する歩兵の左前方に一瞬、台湾総統府そっくりの建物が映ったのである。台湾の軍事関係者は、中国が台湾に武力行使する場合、「斬首行動」に出ることを警戒している。ミサイルで軍事拠点を攻撃して制空権を握った後、台北に落下傘部隊が降下して政府や軍の首脳らを殺害したり、捕らえたりする作戦だ。『中国国営中央テレビ』の番組は、中国軍が台湾総統府を制圧する「斬首行動」の訓練を行っていることを連想させ、台湾では二〇一六年一月の総統選挙への圧力と受け止められた。

習近平の「一国二制度」発言、「地動山揺」発言、国家安全法、軍事演習に登場する「台湾総統府」と続く威圧的な言動について、『聯合報』は、蔡英文が二〇一四年七月に『天下雑誌』のインタビューで行った「中国の民進党に対する新しい条件」発言への回答だと推測する（二〇一五年八月九日）。

中国の対台湾政策に詳しく、大陸委員会副主任委員として蔡英文主任委員に仕えたこともある林中斌《りんちゅうひん》・元台湾国防部副部長（国防省副大臣）も、習近平の「一国二制度」発言は蔡に向けた警告とみる。そして、「民進党が政権を奪還しても中国の統一目標は変わらないと強調し、蔡氏の発言に『ノー』を突きつけた」（『毎日新聞』二〇一五年三月四日朝刊）と分析する。

共産党内の権力闘争を制し、「独裁者」となった習近平が、経済改革、反腐敗運動に続いて台湾問題でも大胆な振る舞いに出る——。そんな構図が浮かび上がる。実際、習近平は一一月に電撃的な中台首脳会談を実現させ、世界をあっと言わせるのである。

三　初めて示した本格的な方針

1．復活した国共トップ会談

国民党を取り込んだ共産党

二〇一五年五月四日、習近平・共産党総書記は北京の人民大会堂で、訪中していた朱《しゅ》立倫《りつりん》・国民党主席と会談した。国共トップ会談は戦後の長い中断を経て二〇〇五年に復活し、その後一〇年にわたる中台交流の土台となってきた。そんな国共トップ会談の経緯を振り返ってみよう。

国民党は二〇〇〇年の総統選挙で、民進党の陳水扁に敗れて政権を失い、二〇〇四年の総統選挙でも再選を許した。陳政権を独立派として警戒する中国は、中台の交流窓口機関による対話に一切応じなかった。

その一方で、中国は野党に転落した国民党を取り込みにかかる。二〇〇五年三月には、江丙坤《こうへいこん》・党副主席を団長とする国民党代表団を中国に招いた。国民党が正式な代表団を中国に派遣したのは、国共内戦に敗れて一九四九年に台湾に逃れて以来、初めてだった。中国は、共産党政治局常務委員で党序列ナンバー四の賈慶林《かけいりん》・政協主席らが会談に応じる厚遇ぶりを見せた。双方は中台直行チャーター便の定期便化を急ぐことなどで合意し、中国は連戦・国民党主席の訪中を要請した。それに応えて、国民党は二〇〇五年四月、連戦を団長とする訪中団を派遣した。そして、四月二九日に連戦と胡錦濤・共産党総書記による国共トップ会談が実現したのである。

台湾企業や農民に実利をもたらす

連戦と胡錦濤による国共トップ会談は、終戦直後の一九四五年八月から一〇月にかけ、蔣介石と毛沢東が重慶で会談して以来、実に六〇年ぶりとなる歴史的な出来事だった。会談では「九二年コンセンサス」を堅持して台湾独立に反対し、中台の平和的発展を促進することなどで一致した。

だが、国民党は野党であり、政策を実行する立場にはない。会談は、国民党と共産党が連携して民進党に対抗する姿勢を示すパフォーマンスの意味合いが強かった。ただし、台湾の企業や農民にとって、国民党がもたらす経済的な実利は貴重だった。国共トップ会談の合意に基づき、両党が毎年開く「中台経済・貿易フォーラム」で、中国側は貿易や投資面での台湾企業に対する優遇策を提示してきた。台湾からは、ビジネスに役立てようと、多くの企業家が参加した。二〇〇八年に国民党の馬英九政権が誕生するまで、フォーラムは中台経済交流の窓口となってきたのである。

また、胡錦濤は連戦との会談で「台湾農産物の大陸での販売問題を解決する」と約束した。これを受け、中国はそれまで一〇～二五％の関税をかけていたマンゴー、パパイヤ、パイナップルなど台湾産フルーツ一五品目の輸入を免税にした。翌年にも、フォーラム開催に合わせ、台湾産のフルーツ四品目、野菜一一品目、魚八品目の関税を撤廃した。

こうした措置の恩恵を受ける台湾の農家は、民進党の地盤である南部に多い。中国の台湾農家優遇策には、民進党の支持基盤を切り崩し、国民党を支援する狙いもあったのだ。これらの実績を基に、国民党が「中国と話し合いができるのは我が党しかない」とアピールする効果は大きく、二〇〇八年の政権奪還につながった。

総統候補の可能性ある初の国民党主席

二〇〇八年五月の馬英九政権発足直後には、呉伯雄・国民党主席が訪中して胡錦濤と会談した。呉は連戦と違い、与党党首として国共トップ会談に臨んだのである。二人は二〇〇九年五月にも会談している。それ以来六年ぶり四回目となる二〇一五年五月の国共トップ会談は、過去三回と異なる意味があった。連や呉は引退を控えた名誉職的な立場だったのに対し、まだ五三歳の朱立倫は総統選挙の候補になる可能性が高かったことである。

朱立倫は統一地方選挙敗北の責任を取って辞任した馬英九の後任として、二〇一五年一月に国民党主席に就任した。朱にとって、国共トップ会談は二〇一六年一月の総統選挙出馬に向けた最後の賭けだった。当時、総統選挙レースは民進党の蔡英文が優位に立っていた。習近平との会談に世論が好意的なら出馬を考慮するが、受けがよくなければ断念する。二〇一四年三月の「ひまわり学生運動」以来、台湾で中国に対する警戒感が高まる中、国共トップ会談に対する世論の反応を読みかねていたのだ。

台湾のケーブルテレビ大手『ＴＶＢＳ』の調査によると、朱立倫の訪中について「満足している」と答えたのは三三％に対し、「満足していない」は三〇％で、評価は二分された。この調査では、朱の総統選挙出馬についても問われ、支持が三六％、不支持が三〇％と拮抗した。こうした結果を見て、朱はこの時点で総統選挙出馬を諦めた。しかし、公認候補に選出した洪秀柱《こうしゅうちゅう》・立法院副院長（国会副議長）が不人気のため、朱は選挙三カ月前になって急遽代わって出馬することになる。そして、惨敗を喫し、政治家としてのキャリアに大きな傷を付けることになったのである。

2. 台湾政策に関する五つの主張

今後の指針として提示

朱立倫の思惑通りにはならなかった国共トップ会談だが、習近平はこの機会を利用し、台湾に重要なメッセージを発信した。台湾政策について、五つの主張を提示したのである。その中身は以下の通りだ（『新華社電』二〇一五年五月四日）。

① 「九二年コンセンサス」の堅持と台湾独立反対は、両岸関係の平和的発展の政治的基礎である。

② 両岸の利益融合を一段と進め、ウィンウィンの関係を築く。台湾のアジアインフラ投資銀行（AIIB）参加を歓迎する。

③ 両岸の交流は、結局は人と人との交流であり、最も大切なのは両岸同胞が心を通わせることだ。

④　国共両党と両岸双方は大局を見て、小異を捨てて大同につくだけでなく、さらに努力して、政治的相互信頼を深めていくべきである。

⑤　両岸の各界が団結し、両岸関係の新しい未来を開く。双方はともに中華民族の偉大な復興に取り組まなければならない。

習近平の五つの主張は、ＡＩＩＢ参加歓迎などを除けば、これまでの重要講話で取り上げてきたものばかりで、目新しい内容ではない。だが、台湾政策をこのようにまとめて語るのは、二〇一二年の共産党総書記就任以来、初めてのことだ。五つの主張はその後の台湾政策の指針となるとみて間違いない。

改めて強調した「九二年コンセンサス」

国共トップ会談で習近平が示した五つの主張のうち、真っ先に挙げたのが「九二年コンセンサス」だった。第一の主張全体を見てみよう。

「九二年コンセンサス」の堅持と台湾独立反対は、両岸の平和的発展の政治的基礎である。その核心は、大陸と台湾が同じ「一つの中国」に属すると認めることだ。

「九二年コンセンサス」を否定し、両岸が「一つの中国」に属するという法理に挑戦して「一辺一国」や「一中一台」を掲げるなら、民族・国家・人民の根本的な利益を損なうことになるだろう。両岸関係発展の土台が揺らげば、平和も発展も不可能になる。我々は「九二年コンセンサス」を堅持し、台湾当局や各政党との交流の基礎としている。国共両党は両岸関係を正確に認識し、両岸関係の政治的基礎を損なう一切の言動に反対しなければならない。ようやく手にした台湾海峡の平和と両岸関係の平和的発展という成果を再び失ってはならない。そのためにも、双方は両岸関係の平和的発展を維持する制度的枠組みの構築を積極的に検討すべきだ（『新華社電』二〇一五年五月四日）。

「一辺一国」とは、二〇〇二年八月に民進党の陳水扁総統が提起した、中国と台湾は「それぞれ別の国」という見解だ。中国は猛反発し、陳政権を敵視するようになった。習近平は五つの主張を披露する前にも、陳政権時代を「両岸関係が極めて不穏な時期」と表現しており、民進党が政権を奪回しても「九二年コンセンサス」と「一つの中国」の原則は譲れないという強い決意がうかがえる。

物議を醸した朱立倫の反応

こうした習近平の主張に対し、朱立倫は「九二年コンセンサス」について「『両岸同属一中』（両岸は一つの中国に属する）ということだが、ニュアンスや定義がいくらか異なる」と述べた。この発言が、台湾で物議を醸すことになる。馬英九総統は常々「一つの中国はそれぞれが解釈する」という立場を表明しており、公式には「両岸は一つの中国に属する」という言い方はしたことがなかったからだ。この発言に対し、民進党の趙天麟《ちょうてんりん》・中国事務部主任は「馬総統が訴えてきた『一つの中国はそれぞれが解釈する』を修正し、中国側に擦り寄った」と批判する声明を発表した。

『TVBS』の世論調査で、朱立倫発言について聞いたところ、「同意する」が三八％、「同意しない」が三四％と、意見が分かれた。ただ、年代別に見ると、四〇歳代以上は「同意する」が「同意しない」を上回ったのに対し、二〇歳代は「同意しない」四五％、「同意する」三五％、三〇歳代では「同意しない」四〇％、「同意する」三五％で、若者層では否定的な見方が強いことが明らかになった。

3．AIIBへの台湾参加問題

苦戦する貿易自由化競争

国共トップ会談で注目を集めたのは、中国主導で創設する国際金融機関・ＡＩＩＢへの台湾の参加を習近平が歓迎したことだった。中国の狙いを警戒して日米が参加を見送る中、台湾が加われば、日米中台の関係に変化をもたらす可能性があるからだ。

台湾は二〇一五年三月、ＡＩＩＢへの加盟を申請した。台湾企業のビジネスチャンス拡大に役立つほか、台湾が希望するＴＰＰやＲＣＥＰ加盟に有利になると判断したからだ。背景には、貿易自由化競争で苦戦を強いられている台湾の焦りがある。台湾のＴＰＰメンバー国との貿易額は台湾全体の三五％、ＲＣＥＰは五七％を占めている（『日本経済新聞』二〇一四年一一月一四日朝刊の馬英九総統インタビュー）。台湾がＴＰＰやＲＣＥＰのような広域ＦＴＡに加わることができなければ、不利益を被ることになる。

前述したように、トランプによる米国のＴＰＰ離脱方針によってＴＰＰは発効が危ぶまれる状況になっているが、台湾が広域ＦＴＡから除外されるなら、ＩＴ分野で競合する韓国などとの競争でハンディを負う状況は変わらない。台湾はアジア太平洋地域で検討されるＦＴＡに対して、神経質にならざるを得ないのである。

摩擦を起こす名称問題

台湾のＡＩＩＢ参加を巡っては、名称問題が中台の摩擦要因となるのは避けられなかった。台湾が国際機関に加盟した過去のケースでも、中台は他国を巻き込んで激しい駆け引きを演じている。アジア開発銀行（ＡＤＢ）には、台湾は一九六六年の設立時に「中華民国」の名称で加盟したが、中国が一九八六年に入ったため、「タイペイ、チャイナ（中国台北）」に変更させられている。ＡＰＥＣには一九九一年、「チャイニーズ・タイペイ（中華台北）」の名前で加わった。ＷＴＯには「台湾・澎湖諸島・金門・馬祖の独立関税領域」名義で申請して認められ、二〇〇二年に加盟した。

中国の圧力で、受け入れられない呼称を提示され、抗議した例も少なくない。一九七六年のモントリオール五輪では、カナダが「中華民国」の国名を認めなかったため、台湾は参加を取りやめた。一九七九年に中国が国際オリンピック委員会（ＩＯＣ）に復帰したのに伴い、一九八四年の米ロサンゼルス五輪以降、台湾の名称は「チャイニーズ・タイペイ」が定着した。一九八九年には、漢字表記を「中華台北」とすることで中台が合意した。

それでも、二〇〇八年の北京五輪では、中国は五輪参加国・地域を紹介するパンフレットなどで、台湾の漢字表記を「中華台北」より統一色が強い「中国台北」とした。中国国台弁は「英語のチャイニーズ・タイペイの翻訳として、どちらを使っても問題はない」とし、報道上の表記をどうするかは各メディアに委ねる考えを示した。これは、中国が主催国の地位を利用して「台湾は中国の一部」という立場を広めようとする企みだとして、台湾世論の反感を招いた。

尊厳傷付けられ不参加

習近平の歓迎発言で前進したかに見えた台湾のAIIB参加だったが、二〇一六年四月になって、台湾は馬英九政権下での加盟申請を見送る方針を表明した。きっかけは、中国人である金立群《きんりつぐん》・AIIB総裁が、台湾の申請は「中国の財務省を通じて行う必要がある」との見解を示したことだった。これは、台湾が中国の一部であることを押し付けるもので、台湾財政部は「尊厳が傷付けられた」と反発した。

中国は、台湾が指定した期日までに加盟申請したにもかかわらず、五七カ国の創設メンバーには入れなかった。名称についても「適当な名義で参加することを歓迎する」（馬暁《ばぎょう》光《こう》・国台弁報道官）としたが、台湾が最低ラインとする「チャイニーズ・タイペイ」を認めるかどうかも明らかにしていなかった。二〇一六年五月に発足した蔡英文政権は、中国との関係では「尊厳と平等」を重視しており、金立群が示した条件を受け入れる可能性はまずない。台湾のAIIB加盟は事実上なくなったと言える。

四　世界の注目集めた中台首脳会談

1．六六年ぶりの顔合わせ

歴史的なイベント

二〇一五年一一月七日、シンガポールで習近平・中国国家主席と馬英九・台湾総統の会談が行われた。国共内戦に敗れた国民党政権が一九四九年一二月、台湾に移転し、中台が分断されてから六六年ぶりに実現した中台首脳会談である。会談の内容より、二人の顔合わせそのものが歴史的なイベントだった。

会場となったシャングリラホテルには、世界中から六〇〇人を超える報道陣が詰め掛けた。ロビーでは、カメラマンらが少しでも良い場所を確保しようと未明から機材を並べ、順番待ちを始めた。会場に入ってからも場所取り合戦を繰り広げ、「もっと後ろに下がれ」などと怒号が飛び交うほどだった。

午後三時（日本時間午後四時）前、正面に向かって右側から習近平が、左側から馬英九が現れた。習は共産党の象徴である赤色、馬は国民党のシンボルカラーである青色のネク

66年ぶりの中台首脳会談に臨む馬英九（左）と習近平（台湾総統府新聞與活動より）

タイを締めている。両首脳は中央に歩み寄り、先に習が右手を差し出すと、すかさず馬も右手を差し伸べて固い握手を交わした。会場からどよめきが起こる。二人は満面の笑みを浮かべながら、カメラマンの要請に応え、中央、右、左と向きを変える。握手は八〇秒間も続いた。最後に、習は左手、馬は右手を振り、会場を出て会談を開く部屋に移った。会談は冒頭部分が公開され、習と馬がそれぞれあいさつする様子が中継された。

電撃的な開催

この中台首脳会談が衝撃的だったのは、直前になって発表されたのも一因だった。とはいえ、民主化された台湾では、重要ニュースを隠し通すことは難しい。今回も発表寸前に、メディアに暴露された。

会談開催について、中台両政府は本来、三日前の一一月四日に同時発表する予定だった。だが、台湾紙『自由時報』がスクープして電子版で流したため、総統府が三日深夜（日本時間四日未明）に急遽発表した。『自由時報』は民進党寄りのスタンスで知られており、中台首脳会談についても「こそこそと進めてきた」と否定的なニュアンスで報じた。

中国側は、国台弁の張志軍主任が四日、「両岸の指導者、習近平と馬英九が一一月七日、シンガポールで会談し、両岸関係の平和的発展の推進について意見交換する」と事実関係のみを短く発表した。ただし、張もメディアの関心がどこにあるのか、十分承知していたのだろう。「今回の会談は、ともに『両岸の指導者』という身分と名義で行う。これは双方が協議して決めたことだ。両岸の政治的な意見の相違がなお未解決の状況の下、『一つの中国』の原則に基づいて実務的に準備した」との注釈を加えている（『新華社電』二〇一五年一一月四日）。

滲み出た中台の温度差

中台首脳会談で、双方が最も気を使ったのが肩書だった。互いに相手を国家と認めていないので、「国家主席」「総統」は使えない。二人が呼び合ったのは「先生」だった。中国語の「先生」は日本語の「さん」に当たる。メンツより会談実現を重視した様子がうかがえる。台湾がこだわったのが「中台は対等」という位置付けだった。このため、会談後の夕食会の費用は折半した。通常はホストが持つのだが、「割り勘」にすることで、どちらかが招いたものではないことを確認したのである。

このように対等の演出ができたことで、馬英九は上機嫌だったようだ。帰りの飛行機の中で、同行記者団にいつになく冗舌に成果を語っている。しかし、当日夜の『中国国営中央テレビ』のニュースは、中台首脳会談より先に、習近平のシンガポールでの講演やリー・シェンロン首相との会談を伝えた。「習先生」「馬先生」と呼び合う場面や馬の発言は放送せず、習が格上であると受け取られるように編集されていたのである。あくまで習のシンガポール訪問がメーンであり、合間に馬に少し時間を取ってやった――。そんなイメージを広めようとしたもので、中台の温度差が滲み出た形となった。

会談終了後、別々に開いた記者会見では、台湾側は馬英九が自ら受け答えしたのに対し、中国側は張志軍が一人で応じ、習近平は姿を見せなかった。こうした中国の対応は、情報公開や政府の社会に対する説明責任という点で、民主体制と一党独裁体制の違いも浮かび上がらせた。

2. 中台双方の思惑

習近平のメッセージ

それでは、中台首脳会談の中身を見てみよう。会談は約一時間にわたって行われ、習近平はまず、「今日は特別な日だ。両岸関係の歴史的な一ページを開いた。歴史はこの日を記憶するだろう」と歴史的な意義を強調した。続いて、中台関係について四つの意見を述べた（『新華社電』二〇一五年一一月七日）。

一点目は、「九二年コンセンサス」と台湾独立反対の堅持だ。この二つについて「（国民党政権になってからの）この七年来、双方の政治的基礎となってきた。これを動揺させてはならない」と訴えた。そして、「『九二年コンセンサス』が存在するという歴史的事実、その核心の内容を認めさえすれば、過去にどんな主張をしたかにかかわらず、いかなる政党とも交流する」と呼び掛けた。これは明らかに民進党と蔡英文に向けたものだ。

二点目は、中台の平和的発展の重要性である。三点目は経済面に言及し、中国が進める「一帯一路」（陸と海のシルクロード経済圏）とＡＩＩＢへの台湾の参加を歓迎した。四点目は、「中華民族の偉大な復興」である。一八九五年からの日本による統治について「台湾が異民族に侵略・占領されたことは、民族全体の痛みだ」とした上で、「両岸は不可分の運命共同体であり、中華民族の偉大な復興は両岸同胞の前途・運命と深く関わっている」と語った。

この四つの意見は、朱立倫との国共トップ会談で示した五つの主張を踏襲したものだ。ここへ来て、習近平の対台湾政策の根幹はほぼ固まったと言えよう。

馬英九の主張

一方の馬英九も、会談について「私と習近平先生は今日、六六年の時空を隔てて、両岸の過去と未来だけでなく、中華民族振興の希望をつかみ取った」と意味付けた。そして、以下五点の主張を行った（『中央通信社電』二〇一五年一一月七日）。

① 「九二年コンセンサス」を固め、両岸の平和な現状を維持する。
② 両岸の敵対状態を緩め、争いのきっかけを平和的に処理する。
③ 両岸の交流を促進し、ウィンウィンの関係を進める。
④ 両岸のホットラインを設置する。
⑤ 両岸が協力して、中華の振興を図る。

この中で唯一具体的な提案は、ホットラインの設置だ。ともに閣僚級である大陸委員会主任委員（台湾）と国台弁主任（中国）の間で、緊急を要する重要議題について話し合う手段を確保するよう持ちかけたのだ。これには習近平も賛意を示し、二〇一五年一二月三〇日、台湾の夏立言《かりつげん》主任委員と中国の張志軍主任が初めて通話した。

さらに馬英九は、中国が台湾に向けて配備したミサイルの撤去を習近平に求めたほか、中国が提案している抗日戦争の歴史書の中台共同執筆に協力する意向を示した。

台湾住民の受け止め方

世界のスポットライトを浴びた中台首脳会談だったが、中身を見て分かるように、全体的には互いにそれぞれ主張を述べ合っただけで、共同声明の発表もなかった。なぜ、このタイミングでの会談となったのだろうか。

会談が行われたのは、二〇一六年一月の台湾総統選挙を二カ月余り後に控えていた時期だった。習近平、馬英九ともに、中台首脳会談を実現することで、「中国と対話ができるのは国民党しかない」というメッセージを台湾住民に送り、総統選挙で国民党の朱立倫候補を支援しようという思惑があったのは間違いない。だが、この時点で、総統選挙での朱の勝ち目はほぼなかった。それでもなお、国共が会談に踏み切ったのは、民進党が政権を取る前に、「九二年コンセンサス」が中台関係の基礎であることを既成事実化しておこうという狙いがあったからだ。二〇一六年五月で総統の座を降りる馬にしてみれば、二期八年にわたる任期中に最も力を入れた中台関係改善の総仕上げと位置付け、この実績を「レガシー（政治的遺産）」にしたいとの思いもあっただろう。

会談後に行われた『TVBS』の世論調査によると、中台首脳会談そのものは「支持する」が四七％で、「支持しない」の二八％を上回ったものの、会談での馬英九の言動については「支持する」三七％、「支持しない」三六％と賛否相半ばした。会談当日には、台北市内で抗議デモも行われた。中台首脳会談についての台湾住民の受け止め方は、馬の思い通りにはならなかったようだ。

3．会談実現までの経緯

APECでの会談実現を模索

ついこの前まで夢物語と思われてきた中台首脳会談が、大方の予想より早く実現したのは、台湾側からのアプローチが功を奏したからだ。馬英九は元々、二〇一四年一一月に北京で開かれたAPECの場で習近平と会談することを望んでいた。APECは一九八九年、一二カ国をメンバーとして創設され、一九九一年の韓国ソウル会議で中国、台湾、香港が同時加盟した。当初は経済や外務閣僚による会議だったが、一九九三年の米シアトル会議で、議長を務めたクリントン大統領の呼び掛けによって初めて首脳会議も開かれ、以後、定例化した。しかし、台湾を国と認めない中国は、ＡＰＥＣ首脳会議に台湾総統が参加することに強硬に反対し続けた。議長国は台湾総統に形式的に招待状を送るものの、台湾側が辞退し、特使を派遣するのが慣例となっていた。

中台関係は、馬英九政権になって大きく前進した。そこで馬は、ＡＰＥＣ北京会議への参加と習近平との会談を要望したのだが、中国側は「国際会議の場はふさわしくない」と応じなかった。中国にしてみれば、中台関係はあくまで「国内問題」であり、国際的な問題として扱われるのを嫌ったのだ。ＡＰＥＣのような国際会議がないのに、台湾総統が訪中して中国国家主席に会うと、「謁見」との批判を浴びるのは必至だ。習近平の台湾訪問を中国が受け入れる見込みもない。台湾側にすれば、あくまで国際会議の場にこだわるか、第三国での開催を探るしか選択肢がなかった。

中台閣僚級会談のスタートもプラスに

中台首脳会談の実現には、中台の公式対話がスタートしたこともプラスした。二〇一四年二月、台湾大陸委員会の王郁琦主任委員が訪中し、中国国台弁の張志軍主任と会談した。それまでは、民間団体である交流窓口機関のトップ会談にとどまっていた中台対話が、政府間会談に格上げされたのである。

王郁琦と張志軍はまず南京で会談し、中台間の対話メカニズムの構築で合意した。さらに二人は上海で非公式会談を行い、首脳会談についても議論した。この場で、王が一一月のAPEC北京会議での首脳会談を提案したのに対し、張は前述のような理由で慎重姿勢を示したが、首脳会談そのものについては望ましいとの立場で一致した。首脳会談について中台が直接話し合ったのは初めてで、結果的にこれが中台首脳会談実現への第一歩となった。

中国と台湾の公式対話は継続され、二〇一五年一〇月に第四回会談が中国広東省広州市で開かれた。二〇一五年二月に王郁琦の後任として台湾大陸委員会主任委員に就任した夏立言が記者会見で明らかにしたところによると、この会談で、夏が一一月にフィリピンで開かれるAPECでの首脳会談を打診した。この提案に対し、中国の張志軍は懸念を示し、第三国での開催に言及した。そこで夏は、習近平が一一月に訪問する予定のシンガポールを挙げ、方向性が固まった（『毎日新聞』二〇一五年一一月五日朝刊）。

シンガポールが果たした役割

中台首脳会談の場所がシンガポールとなったのは、「建国の父」と呼ばれたリー・クアンユー元首相の存在抜きには語れない。台湾外交部によると、リーは首相退任後も含めて二五回も台湾を訪れており、世界の首脳経験者の中で最も多い。蔣経国総統以来、台湾の歴代指導者と親交を結び、馬英九とも古くから付き合いがあった。馬はリーが二〇一五年三月二三日に九一歳で死去した翌日、国交のないシンガポールを訪れて弔問する異例の対応を見せている。

祖先が広東省出身の華人であるリーは、中国とも太いパイプを持っていた。一九九〇年代に入って中台の経済関係が深まると、双方の当局は接触の機会を探るようになる。そうした状況を踏まえ、リーは一九九二年、中国の楊尚昆《ようしょうこん》国家主席のメッセージを携えて台湾を訪れ、中台対話を働き掛けた。これが翌年、シンガポールでの中台交流窓口機関のトップ会談として結実した。中国の汪道涵《おうどうかん》・海峡両岸関係協会（海協会）会長と台湾の辜《こ》振甫《しんぽ》・海峡交流基金会（海基会）理事長による初の中台対話が実現したのである。長らく敵対していた中台は、ここから対話路線にかじを切った。このように中台の仲介役を果たしてきたシンガポールは、中台首脳会談の場として最もふさわしかった。今回もリーの長男であるリー・シェンロン首相が場所を貸す形で一役買ったのである。

Ⅳ　習近平のキャリアを固めた福建省時代

一　一七年間の評価

1．順調に積み上げたキャリア

中央から地方へ

習近平は一九五三年六月一五日、北京で生まれた。父親は共産党の長老で、副首相まで上り詰めた習仲勲《しゅうちゅうくん》である。仲勲は二〇〇二年に八八歳で死去したが、こうした党高級幹部の子息は「太子党」「紅二代」と呼ばれ、政治・経済など各界で大きな影響力を持つ。親の七光りに浴する二世たちだけに、党への忠誠心は固く、仲間意識が強いと言われる。

「太子党」はさまざまな特権を享受するが、習近平は辛酸もなめさせられている。習仲勲の失脚に伴い、一六歳だった一九六九年、陝西省の農村に下放させられたのである。下放は、毛沢東の「農民に学べ」という号令によって、都市の知識青年を地方の農村に送り込んだ政治運動だ。習は陝西省延川県梁家河で窯洞《ヤオトン》と呼ばれる洞窟に住み、農民と一緒に過酷な農作業を体験した。重労働に耐えられず、北京に逃げ帰ったこともある。そんな生活は、文化大革命が終結に近付く一九七五年まで続いた。

北京に戻った習近平は推薦を受け、理工系の名門、清華大学化学工業学部に入学した。一九七九年に卒業し、共産党中央軍事委員会秘書長で副首相だった耿飈《こうひょう》の秘書となる。耿は父・習仲勲の戦友である。同時期に仲勲の名誉回復がなされ、習は恵まれた職場に配属されたのだ。事務職ではあったが、軍人の肩書も得た。しかし、習は三年で中央軍事委員会の職を辞し、一九八二年、河北省正定県党委副書記に赴任する。その後四半世紀に及ぶ長い地方勤務のキャリアの幕開けだった。

福建省で出世を重ねる

河北省正定県に赴任した翌年、習近平は党委書記に昇格し、県のトップとなる。だが、一九八五年六月一五日の誕生日に、正定県から南に遠く離れた福建省アモイ市の副市長に転出した。この異動にも、習仲勲の意向が働いている。以来一七年間、習は福建省で勤務し、着実に出世を重ねた。その間の経歴は次の通りだ。

一九八五〜一九八八年　アモイ市副市長
一九八八〜一九九〇年　寧徳地区党委書記
一九九〇〜一九九五年　福州市党委書記
一九九五〜一九九六年　福建省党委副書記兼福州市党委書記
一九九六〜一九九九年　福建省党委副書記
一九九九〜二〇〇〇年　福建省党委副書記兼福建省長代理
二〇〇〇〜二〇〇二年　福建省党委副書記兼福建省長

共産党の中央指導者になるには、最近では地方の経験が必須と言われている。例えば、習近平の前任の胡錦濤総書記は甘粛省や貴州省、チベット自治区などで勤務しているし、習のライバルの李克強首相も河南省、遼寧省などでリーダーとして腕を振るった。

とはいえ、習近平のようなエリート組で、一つの省に一七年間も続けて勤務するのは珍しい。だが、結果的に、福建省で長年暮らしたことが、習と台湾との関係を深めた。二〇一三年二月、習は訪中した台湾の連戦・国民党名誉主席と北京で会談した際、「私は福建時代、ほぼ毎日、台湾にかかわり、福建を離れた後も台湾情勢に関心を寄せてきた」と語っている（『朝日新聞』二〇一三年二月二六日朝刊）。自らを一七年間の福建省勤務で培われた「台湾通」だとアピールしたのである。

台湾の学者と接触？

福建省時代、習近平は台湾関係者とどのようにして接触していたのだろうか。この点について、『朝日新聞』は次のような興味深いエピソードを紹介している（二〇一二年一〇月二三日朝刊）。

台湾の中山大学副教授だった姚立明《ようりつめい》は一九八八年春、アモイで開かれた中台関係のシンポジウムに出席した際、実業家と名乗る男性から、奇妙な名刺を受け取った。ボディーガードのような屈強な男を連れた長身の男性が差し出した名刺には、聞いたことがない企業名と「白羽」という名前が書かれているだけだった。男性は台湾の民主活動家たちについて質問してきたが、台湾政治への理解の深さは、中国側の人間としては一流だった。二年後、姚はテレビのニュースを見て、その人物が福州市党委書記に昇進した習近平だったことを知る。名刺にある「白羽」は「習」の字を崩したものだった。習は台湾の情勢分析という重要任務を担っていた可能性がある。

この話が事実なら、習近平がアモイ市副市長時代から、自ら積極的に台湾情報を収集していたことを物語る。だが、当時アモイ大学台湾研究所長で、シンポジウムを主催する立場だった陳孔立《ちんこうりつ》は台湾の『中央通信社』の電話取材に対し、「我々は習近平を招待しておらず、あり得ない。『白羽』なんて聞いたこともない」と真っ向から否定している。

香港紙『星島日報』はこの謎について、習近平の弟でビジネスマンだった習遠平《しゅうえんぺい》が、兄の手助けをするため姚立明に会って台湾情勢を探ったのではないかと推測する。二人は顔も体つきもよく似ており、姚が勘違いしたとしても無理はないという（余杰《よけつ》『中国教父習近平』前衛出版社）。姚が弟を兄と取り違えたとしても、習が福建省時代、周辺から情報を得て台湾事情に通じていたであろうことを示す逸話には違いない。「台湾通」との自負は、そうした取り組みに裏打ちされているのだろう。

2.「黒社会」との癒着には陥らず

無法者の天国・福建

習近平が行政経験を積んだ福建省は、古くから華僑・華人を多く送り出してきた。そのため、世界各地の華僑・華人とのつながりが緊密で、外国製品の流通が盛んな上、対岸の台湾からも商品が持ち込まれ、密輸の拠点になっていた。密航を斡旋するブローカー組織「蛇頭《じゃとう》」

の基地でもある。そうした土地柄もあって、マフィアなど「黒社会」が絡んだ犯罪が後を絶たない。犯罪集団と役人のもたれ合いも目立ち、腐敗がはびこる無法者の天国だった。

よく知られているのが、福州市で一大娯楽王国を築いた陳凱《ちんがい》だ。密輸、密航、麻薬密売、賭博、売春などあらゆる闇ビジネスに手を染め、起業から一〇年余りで三億元の資産を手にした。陳が好き放題やれた背景には、地元当局との癒着があった。例えば、一九九五年に福州市がスロットマシーンを禁止した後も、陳だけは特別に公安局から営業を許されるといった具合だ。陳は福州市政協委員という公的な肩書を持つ「著名な企業家」でもあった。二〇〇五年になって陳は贈賄罪などで死刑判決を受けたが、この事件では一一三人の役人が摘発された。その中には、福州市党委、公安局、裁判所、税務局などが含まれ、いずれも陳の後ろ盾となっていた（何清漣《かせいれん》『中国の闇』扶桑社）。

遠華密輸事件

福建省の汚職で最も有名なのが、アモイに拠点を置く遠華集団による密輸事件である。遠華集団は頼昌星《らいしょうせい》が一九九四年に設立した貿易会社だ。当局者に賄賂を渡して便宜を図ってもらい、車やたばこ、石油製品、電気製品などを密輸しては転売し、巨額の利益を得ていた。この事件は一九九九年、告発文書によって発覚し、朱鎔基《しゅようき》首相が徹底捜査を指示したとされる。その結果、一九九五年から一九九九年にかけて大規模な密輸が行われていたことが明らかになり、密輸額約五三〇億元、脱税額約三〇〇億元に上る「中国建国以来最大の密輸・汚職事件」に発展した。収賄側の公安局幹部ら少なくとも一〇人に死刑判決が言い渡され、全体では三〇〇人近くが刑事罰を受けた。

主犯の頼昌星はカナダに逃亡したが、二〇一一年に中国に引き渡され、翌年、無期懲役の判決が下された。この事件を巡っては、一九九三年から一九九六年まで福建省党委書記を務め、その後、共産党の最高指導層である政治局常務委員になった賈慶林の妻が頼と親しく、賈本人の関与も取りざたされた。また、この事件では、市党委書記や副書記、副市長ら多くのアモイ市幹部が逮捕されている。習近平は一九八八年にアモイ市副市長から寧徳地区党委書記に転じ、事件発覚当時は福建省党委副書記だったが、逮捕者の中には習と一緒にアモイ市副市長を務めた者もいた。

習近平は二〇〇一年三月八日、全人代期間中に福建省代表団が開いた記者会見に省長として臨み、遠華密輸事件について問われ、「事件の教訓を深刻に受け止めている。再発防止策として、幹部職員の管理システムや公務員教育を改善していく」と述べている。この会見には、私も出席していた。習は特に動揺の色も見せず、淡々と答えていたが、本当に本人の関与はなかったのだろうか。

共産党の捜査機関で働いたことがある党関係者は「本人については、関与を示す証拠は見つからなかったようだ」としながらも、「直属の上司や部下が摘発されており、完全に潔白だったのかどうかは私には分からない」と口を濁したという（峯村健司『十三億分の一の男』小学館）。

地元幹部とは適度な距離を保つ

習近平は一歩踏み間違えば吹き飛ばされてしまう地雷原のような福建省で長年仕事をしながら、スキャンダルに巻き込まれることはなかった。そこには、習の用心深い性格が反映されている。遠華密輸事件が世間を騒がせていたころ、中学時代の同級生の企業家が何度か習を訪ねると、忙しがる様子もなくゴルフに興じていた。同級生が「そんな調子で大丈夫か」と聞くと、習は「地元生え抜きの幹部とは距離を保つのが肝心だ」と受け流したという（朝日新聞中国総局『紅の党』朝日新聞出版）。

こんなエピソードもある。習近平が二〇〇八年に国家副主席に就任した後、福建省を訪れた際、経済問題で調査を受けていた旧知の同省幹部が習を訪ねて復権を訴えた。それに対し、習は宴席を設けたもののほとんど何も話さず、酒を酌み交わし、お茶を飲みながら四時間を過ごした。「君を復権させるといろいろと面倒が起きる」という本音が言葉の端々に感じられたが、同省幹部は終わってみると、国家副主席が自分のために四時間も割いてくれたことで、怒りや不満が消えているのに気付いたという（加藤隆盛、竹内誠一郎『習近平の密約』文春新書）。

地元幹部を味方につけようと近付き過ぎれば、落とし穴にはまりやすい。かといって、遠ざけ過ぎると、敵に回してしまう。習近平は福建省を中心とした地方勤務時代、地元幹部とは意識して適度な距離を保っていたようだ。

3. ぱっとしない業績

発展のペースが遅い福建省

中国で経済発展の代名詞となった「沿海部」にある福建省は、成長を牽引してきた地域というイメージが強いかもしれない。だが、福建省は戦後長らく、台湾の国民党政権と対峙する最前線基地と位置付けられ、中央からの投資も少なく、発展から取り残されてきた。チャンスは、鄧小平が導入した改革・開放政策によって訪れた。アモイは一九八〇年、広東省の深圳、珠海、スワトーとともに経済特区に指定されたのである。

しかし、深圳が総合的特区として、中央政府から巨額の財政支援と手厚い権限委譲を受けたのに比べ、アモイに与えられた投資と新規の政策はわずかだった。しかも、新規の政

1993 年のアモイ市内の工場街。まだ発展途上の地方都市だった（1993年4月18日、アモイ市にて）

策のうち、自由港や保税区は進展が遅く、外国銀行の設置は他地域にも普及したためアモイ独自の政策とは言えなくなった（下野寿子『飛躍できなかった経済特区――厦門《アモイ》の歩み』北九州市立大学外国語学部紀要一二七号）。

そもそもアモイが経済特区に指定されたのは、人的つながりが強い台湾からの投資をあてにしたからだ。だが、台湾政府は一九八七年に中国への親族訪問を認めるまで住民の訪中を禁じていたし、台湾企業の対中間接投資を承認したのは一九九一年になってからだ。私は一九九三年に中国を訪れ、アモイと深圳を取材したことがある。アモイは発展の遅れた地方都市としか映らなかったが、深圳では香港と見まがう高層ビルが林立し、中国の高度成長を実感したものだ。同じ経済特区でこうも違うものかと驚いたことを覚えている。

アモイは今では見違えるほどの大都市になったが、二〇一五年のＧＤＰは三四六六億元で、深圳（一兆七五〇三億元）の五分の一に過ぎない。省レベルでも、福建省は二兆五九八〇億元で、広東省（七兆二八一三億元）に大きな差をつけられている（21世紀中国総研編『中国情報ハンドブック〔二〇一六年版〕』蒼蒼社）。

撤回された都市開発計画

そのような状況の福建省で長年勤務しても、経済発展の面でこれといった結果を出せなかったのは無理もないことかもしれない。習近平の福建省時代の業績については、「ぱっとしなかった」という評価が一般的だ。それどころか、明らかな失敗も語り継がれている。その一つが、福州市党委書記時代の一九九三年に始めた都市開発プロジェクトである。

福州市の「三坊七巷」地区は三八万三五〇〇ヘクタールという広さで、三つの通りと七つの路地に沿って、明・清時代の建築物一五九軒が残されている。近くには、アヘン取り締まりで名を馳せた林則徐《りんそくじょ》の生家を復元した記念館もある。そんな「三坊七巷」を含む旧市街地に、習近平は近代的なマンション群を建設しようとしたのである。このプロジェクトは香港の財閥最大手、李《り》嘉誠《かせい》率いる長江実業グループが五〇億元の破格の価格で受注した。だが、この地域には歴史遺産が多数あるため、全国の知識人や環境保護団体などから反対の声が巻き起こり、プロジェクトは一年後に中止に追い込まれた。

二〇〇五年には業者との契約は破棄され、福州市政府は高額の違約金を支払っただけでなく、翌年には四五億元かけて旧市街の街並みを復元する再建計画に取り掛かった（相馬勝『対日戦争を仕掛ける男　習近平の野望』幸福の科学出版）。現在では、「三坊七巷」には復元された歴史的建築物が建ち並び、観光名所になっている。

赤字の空港

「三坊七巷」と並んで習近平の失政に挙げられるのが、福州長楽国際空港の建設である。福州に空の玄関口を造り、海外との交流を活発化させようと一九九一年に計画された。総額二七億元をかけて建設し、一九九七年六月に開港したが、中心部から四五キロも離れて交通の便が悪いこともあって利用者は伸びず、開港から二〇〇二年までの五年間で一五億五〇〇〇万元の赤字を抱え込んだ（梁剣《りょうけん》『習近平新傳』明鏡出版社）。

このプロジェクトは、見通しの甘さが際立っている。開港日を歴史的な香港返還の一週間前に設定し、香港から多くの客が立ち寄ると予想していたのだが、その目論見は完全にはずれた。中台直行便の早期実現も想定していたが、それが定期便として定着するのは二〇〇九年まで待たなければならなかった。工事費も当初見込みの一七億元から二七億元に膨らんだ。あまりにもずさんなプロジェクトである。『習近平新傳』によると、習近平は福州市党委書記として、当初は空港建設には反対していたというが、本来なら一定の責任は免れないところだろう。だが、「三坊七巷」同様、結果が出た時にはすでにポストを離れており、責任を問われることはなかったのである。

二　独自の対台湾政策

1. 福建省と台湾のつながり

台湾社会の主流層

福建省と台湾は台湾海峡を隔てて相対し、地理的には「一衣帯水」の位置にある。当然ながら、歴史的、民族・文化的にもつながりは強い。台湾の人口は現在約二三四〇万人で、「族群」と呼ばれる四つのエスニック・グループに分類される。最も早く住み着いたのは、マレー・ポリネシア系の先住民だが、人口比率は約二%に過ぎない。それ以外は、主として中国から渡ってきた漢民族だ。最も多いのが、一七世紀から一八世紀にかけ福建省南部から移住してきた福佬人《ホーロー》（閩南人《ミンナン》）で、約七五%を占める。その他は、広東省北部などからやって来た客家人《ハッカ》（約一三%）と、戦後、国民党政権とともに中国各地から移っ

台湾内での媽祖の里帰りでパフォーマンスを演じながら練り歩く信者たち(1999年4月17日、台中県大甲にて)

てきた外省人（約一〇％）である。

福佬人は台湾社会の主流層を形成しており、狭義の「台湾人」といえば、福佬人を指す。祖先の出身地は福建省の漳州と泉州に大別でき、現在でも故郷に親戚を持つ者が多い。母語である台湾語は、福建省南部の住民が話す閩南語がベースになっており、中国や台湾で公用語となっている標準中国語（北京語）とは全く異なる。生活習慣や伝統行事なども似通っている。

媽祖信仰が結ぶ絆

福建省と台湾の結び付きを象徴するのが媽祖信仰だろう。媽祖は一〇世紀に福建省に実在した少女が海で遭難した兄を超能力で救出したという伝説を基に、少女を神格化した道教神の一つだ。元は航海安全に御利益があると漁民にあがめられていたが、今では万能神として一般の人にも信仰され、天上聖母とも呼ばれる。

媽祖の総本山は、福建省の湄州島にある。小さな漁業の町だが、媽祖の生誕日の旧暦三月二三日には、中国だけでなく世界各地から大勢の華人信者が訪れる。媽祖の信者は世界二二カ国に約二億人いると言われる（『毎日新聞』二〇〇〇年五月一日夕刊）。

その中でも、熱心な信者が多いのが台湾である。台湾各地には五〇〇以上の媽祖廟があり、毎年、生誕日に神像を総本山に里帰りさせるのが重要行事になっていた。だが、日本統治時代は渡航が禁じられ、各地の媽祖は台湾内の本山である雲林県北港の朝本宮や嘉義県新港の奉天宮に巡礼するようになった。戦後も国民党政権は中国との往来を認めなかったため、台湾内での里帰りが続けられた。台湾内での里帰りは一週間近くかけて行われ、神像をみこしで担いだ一行は寸劇やカンフー、獅子舞などさまざまなパフォーマンスを演じながら練り歩く。沿道には夜店が並び、台湾中がお祭りムードに包まれる。

中国への渡航が認められるようになった一九八〇年代後半以降は、二〇〇八年に中台直行チャーター便が実現する前から、湄州島への里帰りが復活した。第Ⅱ章で紹介したように、二〇〇一年に「小三通」が解禁された際、馬祖島からの第一陣は、湄州島の総本山を訪れた媽祖参拝団だった。媽祖は福建省と台湾の精神的な絆となっているのである。

台湾企業の対福建省投資の現状

このように福建省と台湾の関係は深い。中国が一九七八年に改革・開放政策に踏み切る一方、台湾が一九八〇年代になって、韓国、香港、シンガポールとともにアジアで経済発展が著しい新興工業国・地域（ＮＩＥＳ）の一員として台頭してきた情勢の中、歴代の福建省の指導者は台湾との経済交流を強化しようと考えた。台湾企業も賃金高騰に伴い、人件費が安い国・地域への工場移転は避けられなくなってきた。それなら、地縁・血縁で結び付いた福建省を優先的に選択するのは自然の成り行きだ。台湾企業が福建省にどの程度投資しているのか見てみよう。

台湾経済部（経済省）の統計によると、台湾政府が対中間接投資を承認した一九九一年から二〇一七年三月までの台湾企業の累積対中投資額は一六六七億米ドルに上る。これは台湾企業の対外投資額の約六割に当たる。地域別では、トップは江蘇省で三〇・九％。二位広東省一八・五％、三位上海市一五・〇％と続き、福建省は七・九％で四位につけている。

中国の地域別の外資企業投資総額を見ると、福建省は一七三二億米ドルで中国全体の四・六％、外資企業数は二万四三二二社で中国全体の五・三％（『中国貿易外経統計年鑑』二〇一五年版、いずれも二〇一四年末時点）なので、台湾企業による福建省への投資は外資の平均より多いことが分かる。

だが、一九九一年から二〇〇一年までの台湾企業の累積対中投資額では、福建省は九・〇％を占めており、ここ十数年で比率は下がっている（台湾経済部統計）。台湾企業が対中進出を始めた当初は福建省を目指すケースが多かったが、対中投資が拡大するにつれ、インフラやサプライチェーンが整備された江蘇省や上海市、広東省が進出先として重視されるようになってきた。

2. 重視した台湾との経済交流

一貫して連携を模索

習近平も福建省時代、一貫して台湾を取り込んだ経済発展戦略を唱えていた。福州市党委書記だった一九九二年には、台湾誌『新新聞』の取材を受け、台湾との連携強化に熱弁を振るっている（八月三〇日～九月五日号）。当時は、台湾の国民党政権が台湾企業の対中間接貿易や間接投資を認めて間がない頃で、中台間の交流はまだ低調だった。習はインタビューで「双方の主張が違うからといって、接触を拒否すべきではない。これまで離れていたことによって生じる誤解は、接触することによってのみ解ける。互いに接触する中で、何か違いがあれば、そのままにしておけばいい」と、交流の重要性を訴えている。

さらに、「『一国二制度』を基礎として、現実的な態度で物事を処理し、どのようにし

習近平が福建省長時代にオープンしたアモイ台商会館（2016年8月22日、アモイ市にて）

て両岸関係を発展させるか検討すべきだ」と述べ、「（双方は）ささいな問題を大げさに取り扱ったり、複雑化・政治化したりしてはならない。さもなければ、正常な発展は望めない」と冷静な対応を呼び掛けている。その上で、「地方役人の立場として、早期に中台直行便が飛ぶことを願っている。これは政治的な考慮ではなく、住民の往来に必要だからだ」と中台直行便の実現に意欲を示し、「福州市は現在、インフラ整備に全力を挙げており、中台直行便が実現すれば、押し寄せてくる人の波も収容することができるだろう」と、福州市が台湾人客の受け皿になることに自信を見せている。

前述したように、福建省時代の習近平の失政として、福州長楽国際空港の建設が挙げられている。その背景には中台直行便に対する思い入れの強さがあったことを、習の発言は物語っている。

問題点も冷静に分析

福建省長時代の二〇〇二年初めにも、習近平はメディアの取材に応じ、福建省と台湾の経済協力について自説を展開している。ここでは、福建省が台湾資本を受け入れるに当たっての問題点にも言及している点が注目される。『習近平新傳』から、習の主張を紹介しよう。

習近平はまず、「改革・開放以来、台湾は一貫して福建省への投資元であり、福建省にとって最も重要な貿易パートナーだった。二〇〇一年には、全国初の台商（台湾人ビジネスマン）会館であるアモイ台商会館もオープンした。二〇〇一年末の福建省への台湾企業の累積投資額は八八億七九〇〇万米ドルに上り、台湾は福建省発展の原動力になっている」と台湾との関係の深さを強調する。

だが、続いて「近年、台湾企業の福建省へ投資は減少している。どこに原因があるのか」と危機感をあらわにし、「これまで、福建省は地縁・血縁で台湾資本を引き付けてきた。台湾は産業構造の転換が進み、ＩＴ産業が主流になってきたが、福建省は産業基盤が弱く、科学技術に強い人材も不足している。市場規模や産業ネットワーク、物流・配送などの機能も脆弱だ」と指摘している。

その上で、対応策として、①既に進出している台湾企業の生産拡大を促す、②特色ある産業や伝統産業などの優位性を発揮する、③ハイテク企業を誘致する、④台湾の大手企業の誘致に力を入れ、他の台湾企業進出の呼び水とする――の四つの方針を打ち出している。外部に対しては威勢のいい話に終始しがちな共産党幹部が多い中で、なかなか冷静な現状分析と言えよう。

3. 対台湾政策の原型

経済交流六項目の提案

習近平は福建省長だった二〇〇〇年、『加強両岸交流　促進祖国統一（中台交流を強化し、祖国統一を促進する）』と題した論文を発表している。共産党の定めた「平和統一」や「一国二制度」といった基本方針を尊重しながらも、公式に福建省独自の対台湾政策を打ち出したのである。従来からの主張を理論的に整理し、具体的な提案を行っているのが特徴だ。福建省と台湾の経済交流に関しては、以下の六項目を提唱している（柴田哲雄『習近平の政治思想形成』彩流社）。

① 「海峡両岸経済合作福建実験区」の設立
② 台湾企業の権利と利益の保護、その投資環境の改善など

③「台商投資区」の模範的な役割の発揮
④「海峡両岸農業合作実験区」の建設
⑤両岸海上直航の試験的工作の実施
⑥沿海の関係地域と金門、馬祖等の島嶼との間の通商の実施など

このうち、「海峡両岸経済合作福建実験区」は、第Ⅱ章で紹介した平潭島の「総合実験区」として結実している。「両岸海上直航」と「沿海の関係地域と金門、馬祖の島嶼との間の通商」は、台湾主導ではあるが、二〇〇一年の「小三通」解禁で実現している。「海峡両岸農業合作実験区」について、習近平は二〇〇一年三月の全人代の福建省代表団記者会見で、福州や漳州に実験区を設置したことを明らかにし、「台湾の優良品種や進んだ技術を導入し、台湾企業の力を借りて国際市場や台湾市場にも農産品を売り込むのが狙いだ」と説明している。

文化・学術交流五項目の提案

また、習近平は論文の中で、中台の文化・学術交流についても五項目の提案を行っている（『習近平の政治思想形成』）。

①民俗文化の交流の推進
②科学技術の交流の強化――例、自然災害の予防
③学術分野の交流の拡大――例、鄭成功《ていせいこう》や媽祖信仰に関する学術研究会
④民間文化芸術の交流の展開――例、福建省の地方演劇の公演
⑤福建省に留学する台湾学生数の増加

文化・学術交流に関しても、習近平は二〇〇一年三月の記者会見で、「八〇％の台湾の人たちの祖先は福建省出身だ。我々は、台湾人の姓の源流を考察したり、台湾人のルーツを探ったりする学術研究の資料を提供することもできる」と台湾に向けて呼び掛けたほか、福建省と台湾地域の地震について共同研究を行うことなどを提案した。第Ⅱ章で見たように、習が現在、「両岸は一つの家族」と強調するのは、このような福建省時代の経験も反映されているはずだ。

論文は経済や文化・学術交流に力点を置き、政治問題はさほど重視していない。これは「先易後難（やさしいことから始め、難しいことは後に回す）」という共産党の対台湾政策に沿ったものだが、習近平は党や国家のトップに立ってからもこの姿勢を堅持している。その意味で、習の対台湾政策の基本は、福建省時代に固まったと見ていいだろう。

三　激変する台湾情勢

1．李登輝の「二国論」

進む台湾の民主化

習近平が福建省に勤務した一九八五年から二〇〇二年までの一七年間は、台湾の政治情勢が激変し、中台関係が揺れ動いた時代でもあった。一九八五年はまだ蔣経国総統率いる国民党の一党支配が続いていたが、一九八六年には非合法ながら野党の民進党が結成された（一九八九年に合法化）。一九八七年には三八年ぶりに戒厳令が解除され、台湾は民主化への大きな一歩を踏み出す。

蔣経国の死去に伴い、一九八八年に本省人として初めて台湾総統に就任した李登輝は民主化を加速させた。一九九一年には、共産党政権を「反乱団体」と規定して国民党の独裁体制を維持する根拠としていた「動員戡乱臨時条款」を廃止し、共産党政権を「大陸を統治する政治実体」と認めた。立法院や地方自治体でも民主的な選挙が行われるようになり、一九九六年には初の総統直接選挙も実現した。

中台関係では、改革・開放政策に転じた中国が、台湾に「三通」実施などを呼び掛けたが、蔣経国は応じなかった。だが、一九八七年になって、親族訪問を名目にした台湾住民の訪中解禁に踏み切る。これを契機に、交流は一気に活発化した。

経済関係が深まるにつれ、中台間で実務的な問題を話し合う必要が生じてきた。このため、一九九一年に中国が海協会、台湾が海基会を設立し、事務レベルの会談を重ねるようになった。海協会、海基会ともに形の上では民間団体だが、実際はそれぞれ当局の指導・監督下にある交流窓口機関である。一九九三年には、シンガポールで両団体の初のトップ会談が行われるなど、対話路線が軌道に乗ってきた。

緊迫する台湾海峡

一九九〇年代は全体として、経済を中心に中台交流が拡大したが、一触即発の危機もあった。一つは、第Ⅱ章で取り上げた、一九九五年から一九九六年にかけての「台湾海峡ミサイル危機」である。李登輝の訪米と台湾初の総統直接選挙に対し、中国がミサイル発射を含む軍事演習を行って台湾を威嚇した。

もう一つの危機も、主役は李登輝だ。一九九九年七月、ドイツの放送局『ドイチェ・ヴェレ』のインタビューに答え、「中台は特殊な国と国の関係」という見解を示した。李は「両岸は決して合法政府と反乱団体、中央政府と地方政府といった『一つの中国』の内部関係ではない」と強調した。後に「二国論」と呼ばれるようになるこの見解の策定で蔡英文が中心的な役割を果たしたことは、第Ⅱ章で既に述べた。

「一つの中国」の原則を掲げる中国からすると、「二国論」は絶対に認めることはできない。『新華社』の評論員論文が李登輝を「民族のくず」とののしるなど、中国はメディアを動員して李批判の大キャンペーンを繰り広げた。中国の戦闘機が台湾海峡の中間線を越えて挑発し、一時は台湾軍が厳戒態勢を敷くなど、軍事的緊張も高まった。結局、軍事衝突という最悪の事態には至らなかったが、中国は一九九九年秋に予定していた汪道涵・海協会会長の台湾訪問を取り止めた。以後、二〇〇八年に馬英九政権が誕生するまで、海協会と海基会の対話は途絶えることになる。

厳しい目を向ける習近平

この李登輝の「二国論」について、当時福建省長代理だった習近平も厳しい批判の目を向けている。一九九九年九月、『日本経済新聞』のインタビューを受けた習は、「『二国論』は台湾企業の福建省やアモイへの投資に影響があるか?」との質問に対し、「李登輝はでたらめを言っている。両国論（二国論）は李登輝の祖国分裂の企みを暴露した」と李を強く非難したのだ。そして、中台貿易や投資への影響に関しては、「当然、大きな影響がある。だが、両岸の人民は中国の分裂を決して許さない」と怒りを表明している（中澤克二『習近平の権力闘争』日本経済新聞出版社）。習は二〇〇〇年に発表した前掲論文でも、「李登輝は『二国論』を持ち出して独断専行し、『二国論』を国民党の決議に組み込み、祖国分裂の道をますます邁進しようとしている」と批判している（『習近平の政治思想形成』）。

共産党の地方幹部として、海外メディアの取材や公表する論文などで「二国論」を非難するのは当然のことだ。このような場面で強い姿勢を示さなければ、党中央からにらまれたに違いない。ただ、よく見ると、批判は李登輝個人に的を絞っており、国民党や政権には向けていない。「二国論」は許せないが、あくまで李登輝の暴走であり、台湾との交流は今後も続けていく――。習近平の発言や記述からは、そんな思いが読み取れる。

2. 陳水扁政権の誕生

台湾初の政権交代

台湾の政治は、さらに劇的な展開を見せる。二〇〇〇年三月の総統選挙で、野党・民進党の陳水扁が国民党の連戦や、国民党を離党して無所属で出馬した宋楚喩らを破り、台湾史上初の政権交代を成し遂げたのである。

民進党の党綱領には、「台湾は主権独立の事実に基づいて、新たな憲法を制定し、新たな国家を建設しなければならない」「国民主権の原理に基づいて、主権が独立した自主的な台湾共和国を建設し、新たな憲法を制定すべきであるという主張は、台湾の全ての住民による投票によって選択、決定されなければならない」と記されている。民進党が「独立派」とされるゆえんである。

毎日新聞のインタビューに答える陳水扁総統(2001年10月3日、台北市の総統府にて)

ただ、こうした理念は中台関係の安定を望む住民の警戒心を引き起こし、選挙では不利に働きやすい。だから、民進党は一九九九年、台湾の現状について「既に独立した主権を持つ国家であり、独立の現状を変える場合は住民投票で決めなければならない」と定めた「台湾の前途に関する決議文」を採択した。陳水扁も選挙戦では独立色を抑え、中国に対話を呼び掛けた。しかし、中国は、

台湾総統選挙で陳水扁を支持した施振栄・エイサー会長（2000年1月31日、新北市にて）

陳が「一つの中国」の原則を認めなければ対話には応じられないとの姿勢を崩さなかった。五月二〇日の新政権発足前から、中台は険しい対立ムードに包まれた。

中国が台湾の経済人を非難

中国は国民党政権時代から、政治的に台湾を追い込む一方で、経済的には交流を強化して統一を促進しようとする政経分離戦略を取ってきた。この戦略は「以経促統（経済による統一促進）」と呼ばれる。だが、陳水扁政権の誕生で、なりふり構っていられなくなった中国はついに「経済カード」を切った。

二〇〇〇年四月八日、中国国台弁の李《り》炳才《へいさい》副主任が「一部の台湾経済界のトップが、『台湾独立』を公然と支持しながら、大陸での経済活動で利益を上げるのは絶対に許せない」と、台湾総統選挙で陳水扁を支持した経済人を非難し、攻撃ののろしを上げたのである（『エコノミスト』二〇〇〇年六月二七日号）。その後も、中国や香港の新聞で名指し批判が繰り返され、訪中受け入れ拒否や事務所開設の延期、各種契約の見直しなどさまざまな制裁方針が伝えられた。

台湾総統選挙では、パソコン大手・宏碁電脳（エイサー、二〇〇一年に宏碁に社名変更）の施振栄《せしんえい》会長、海運大手・長栄（エバーグリーン）グループの張栄発《ちょうえいはつ》総裁、世界最大のABS樹脂メーカー・奇美実業の許文龍《きょぶんりゅう》会長、台湾新幹線の事業主体・台湾高速鉄路の殷琪《いんき》会長ら著名な経済人が陳水扁を支持していた。

四人は選挙後、陳水扁のブレーン集団「国政顧問団」に加わって行政院長人事などを決め、「国政顧問団」解散後は、いずれも新政権の総統府資政や国策顧問に就任した。李炳才の批判は、こうした経済人に向けられたものだった。

台湾総統選挙で陳水扁を支持した許文龍・奇美実業会長（1998年9月29日、台南市にて）

制裁は死活問題

台湾の経済人にとって、中国の「経済カード」は死活問題だった。エイサーやエバーグリーン、奇美実業は中国で工場を建設したり、関連会社を設立したりするなど巨額の投資をしており、殷琪も個人名義で不動産投資をしていた。中国が制裁に踏み切れば、企業には大きな打撃となる状況だったのである。

許文龍は「中国は政治と経済を一緒にすべきではない。台湾企業の対中投資の意欲が減退し、中台双方にとってマイナスとなる。我々の製品を買うことができなければ、困るのは中国の方だ。中国が統一を求めるのなら、最も良い方法は中台の経済協力関係を強化することだ」と中国のやり方に異議を唱えた。

この発言で、中国から目をつけられたのだろう。全人代が開かれていた二〇〇一年三月にも、奇美実業グループが江蘇省で運営する石油化学工場の閉鎖を中国政府が命じた、とのうわさが広まった。許文龍は日本の漫画家、小林よしのりの『台湾論』（小学館）の中で、「従軍慰安婦は強制ではなかった」と語ったと紹介され、台湾でも批判を浴びていた。石広生《せきこうせい》・中国対外貿易経済協力相は会見で、工場閉鎖命令については否定したが、許を「完全に日本軍国主義侵略者の言論だ」と非難した。その上で、「台湾で独立を支持し、大陸で経済的利益を得るのは絶対に許さない」と改めて警告を発した（近藤伸二『台湾新世代』凱風社）。

中国は制裁方針の情報を流して台湾企業を牽制する威嚇作戦をいつまで続けるのか。そのうち制裁を実行に移すのか――。台湾の企業家たちは疑心暗鬼に陥った。

3. 習近平は台湾の投資を歓迎

注目集めた全人代会見

そんな中、注目を集めたのが、全人代での福建省代表団の記者会見だった。全人代は毎年三月、一〇日間程度の日程で、北京で開催される。各省・自治区・直轄市や軍などから選ばれた三〇〇〇人近い代表が一堂に集う全体会議の合間を縫って、地方ごとに分科会や記者会見も開かれる。福建省は台湾との経済交流の最前線だけに、中国政府が台湾に対して「経済カード」で圧力をかけ続けるのかどうか、福建省の見解が分かれば、中央の意向も推測できる。二〇〇一年三月八日に北京市内で開かれた会見は、台湾メディアにとっては、それを問いただす絶好の機会だった。

記者会見の応答は福建省長の習近平がメーンで、テーマによってはアモイ市党委書記、福州市党委書記らが補足した。当時まだ四〇歳代だった習は、先に見た通り、福建省でステージを一段一段上ってきたところである。そのころ、日本の中国専門家は、習について「毛並みがよく、清華大学卒の学歴と実力。これらが追い風となり、エリート街道を驀進している」（矢吹晋『中国の権力システム』平凡社新書、二〇〇〇年一〇月刊）と紹介している。とはいえ、まだ一地方指導者に過ぎず、日本での知名度はあまり高くはなかった。

台湾との緊密さを強調

中国の当局が行う会見は事前に擦り合わせが行われ、「官製メディア」が口火を切り、発表者側が最も伝えたいテーマを質問するのが通例となっている。この会見でも、共産党機関紙『人民日報』の記者が最初に指名され、「福建省と台湾は『一衣帯水』の関係にある。具体的にどのような対台湾政策を実践するのか」と尋ねた。

これに対し、習近平は「六〇〇〇社以上の台湾企業が福建省でビジネスを行っている」など台湾との交流の深さを強調した上で、「福建省と台湾は経済的に相互補完性が強く、台湾からの投資受け入れや台湾との人的交流の緊密さは福建省発展の特色であり、優位性になっている。引き続き、このような特色や優位性を生かしていきたい」と述べ、台湾からの投資を歓迎する姿勢を明確にした。

さらに、「台湾では産業構造の転換が進んでおり、特にIT企業が大陸に進出するケースが増えている。より多くの企業が大陸に、中でも福建省に来てもらえるよう努力する必要がある」と決意を語った。ちょうど中国がWTO加盟の準備を進めていた時期だったので、「中国のWTO加盟後は、サービス産業の分野でも台湾との協力を進めていきたい」と付け加えた。また、現在、福建省に進出している台湾企業は順調にビジネスを行っていると説明しながら、「我々はもっと投資環境を整えていく。とりわけ環境汚染問題や法整備の面に力を入れる」と約束している。

習近平のこうした発言は、新聞やテレビの報道を通して台湾に伝えられた。多くの企業家は、中国は本気で台湾企業に制裁を科すつもりではないことを知り、胸をなで下ろしたのである。

V　台湾から見た習近平

一　証言で明らかになった「台湾通」ぶり

1．郭俊次の証言

習仲勳に招かれる

地方勤務の時代を含め、習近平と直接会ったことのある台湾人は少なくないが、「海峡両岸和平統一促進会」の郭俊次《かくしゅんじ》会長は最も多く顔を合わせている台湾人の一人だろう。二〇一五年八月に、台北市内の事務所でインタビューした郭は、習との交流について一時間半近くにわたって長広舌を振るった。

郭俊次は台湾がまだ日本統治下にあった一九四二年、台南で生まれた本省人である。一九八〇年に立法委員の補選に国民党から出馬して当選し、一九八八年から一九九〇年まで立法院秘書長を務めた。現在は、中台の平和統一を啓蒙する活動に力を入れている。

習近平一族との縁は、一九九〇年にさかのぼる。七月二六日、郭俊次は北京の人民大会堂で、習の父の習仲勲に招かれ、食事をともにした。斉心《せいしん》夫人も同席していた。「俊次先生留念（記念として贈呈する）」との言葉と日付とともに夫婦がサインした宴会料理メニューカードを、郭は今も大切にしている。仲勲は当時、全人代副委員長だった。斉はあまり表舞台には登場しないが、習近平が共産党総書記になった二〇一二年ごろ、習ファミリーの巨額ビジネスが息子の足を引っ張らないよう、一族全員に資産を全て売却するよう厳命するなど、強い影響力を持つ（『習近平の権力闘争』）。

インタビューに答える郭俊次・海峡両岸和平統一促進会会長（2015年8月10日、台北市にて）

郭俊次は習仲勲だけでなく、鄧小平や江沢民、胡錦濤、習近平という歴代の最高指導者とも面会している。政協副主席だった王任重《おうにんじゅう》の仲立ちによるもので、中国側は中台統一に向けた台湾側の協力者として丁重に遇しているようだ。

初対面は福州市党委書記時代

郭俊次が習近平本人と初めて会ったのは、習が

郭俊次・海峡両岸和平統一促進会会長の事務所には、習近平（右）とのツーショットの写真が飾ってあった（2015年8月10日、台北市にて）

福州市党委書記の時だった。その後、福建省を離れて浙江省や上海市に移った後も、何度も会っている。最近では、習が権力誇示のために実施したと言われる二〇一五年九月三日の「抗日戦争勝利七〇周年」記念日に合わせた記念式典と軍事パレードにも招待されている。

福州市党委書記時代の習近平について、「とても台湾人ビジネスマンを大切にしていた」として、郭俊次はこんなエピソードを紹介した。

「福清市（福建省）でビジネスをしている台湾人の友人にトラブルが起き、私が習近平書記に相談に行った。すると、彼は『わざわざ来ていただかなくてもよかったのに。お友達はどちらにいらっしゃるのですか？』と尋ね、自ら福州から車で四〇分ほどかけて福清の友人の会社を訪れた。友人は仕事で遅れて会社に戻り、非礼をわびたが、習書記は『お忙しいでしょうから、気になさらずに』と言って話を聞き、すぐに問題を解決してくれた」

この時、郭俊次は習近平の父の習仲勲と顔見知りであることを打ち明けていなかった。

習は後日、その縁を知って、とても喜んだという。

習近平はこのように台湾人ビジネスマンと頻繁に接触する中で、彼らが何を望み、何を求めているのかを知るようになり、台湾についての知識を深めていったのだろう。郭俊次は長年にわたる習との交際から、「江沢民や胡錦濤ら歴代の中国指導者と比べても、習主席ほど台湾を理解し、重視しているリーダーはいない」と断言する。

重視する「心のつながり」

郭俊次によると、習近平が中台交流について真っ先に挙げるのが、「心のつながり」だ。郭は「平和統一は共産党の基本方針だが、習主席はいつも『両岸は一つの家族であり、両岸同胞は心がつながっていなければならない』と言う。これは過去の指導者には見られなかったことだ」と解説する。「心のつながり」は、公開の場だけでなく、郭との会談でも繰り返していたという。

さらに、郭俊次の印象に残っているのが、習近平の「三中一青」に対するこだわりだ。「三中一青」は、中小企業、中南部、中低所得者層、青少年に重点を置く共産党の対台湾政策だが、郭は「習主席は両岸の中小企業や青少年同士が実際に交流することが重要だと強調していた。習仲勲氏も同じようなことを言っていたので、これは父親から教えられたのかもしれない」と推測する。

こうした「台湾通」だけに、郭俊次は、習近平は台湾統一について「強い使命感を持っている」と言い切る。ただし、習の台湾政策には柔軟性があり、台湾の指導者が公開の場で台湾独立を持ち出すなど挑発しない限り、強硬策は取らないと郭は予想している。

2. 習近平という人物

実践した「ぜいたく禁止令」

「老朋友（古い友人）」の郭俊次から見て、習近平はどのような人物なのだろうか。郭は習の優れた点として、人の話をよく聞く姿勢を挙げ、こんな話を披露した。

習近平が浙江省勤務時代、郭俊次は習と食事をしながら、「浙江省や上海に行くと、中国側が豪華な宴会を開いてもてなしてくれるのはありがたいのだが、量が多過ぎて半分は残ってしまう。台湾では、余った料理は持ち帰る習慣があるが、中国ではメンツがあって誰も持ち帰らない。もったいないし、中国にはまだ貧しい地域があることを考えると、不公平とも言えるのではないか」と疑問を投げ掛けた。中国では、客を接待する場合、食べ切れないほどの料理や酒を出すのが礼儀だとする風潮が強い。しかし、経済発展が加速するにつれ、公務員が公費を乱用するケースが目に余るようになってきていた。郭の問題提起を受けた習は驚いた表情で、宴会の詳しい状況を聴き取った。郭は習のあまりに真剣な様子に、中国の伝統的な宴会のあり方を改革していくつもりなのだと直感したという。

実際に、習近平は二〇一二年に共産党総書記に就任してすぐ、「反腐敗・反無駄使い」キャンペーンに乗り出し、公費による接待や贈答品の禁止を命じた。また、食事での浪費をなくすよう指示を出し、食べ残しをなくす運動を全国に広げた。二〇一三年暮れには、庶民に人気がある北京市内の肉まん店を昼時に予告なしに訪れ、肉まんやスープ、漬け物などを食べて代金二一元を自分で支払うパフォーマンスも演じた。

こうした一連の「ぜいたく禁止令」により、閑古鳥が鳴いたり、閉鎖に追い込まれたりする高級料理店が続出したが、これは習近平が地方時代の経験を生かした結果だと郭俊次は見ている。

しゃべれないが聞き取れる台湾語

第IV章で紹介したように、台湾社会の主流層を占める福佬人が普段話す台湾語は福建省南部の方言である閩南語とほぼ同じで、台湾人とアモイなど福建省南部の人たちは台湾語（閩南語）で会話することが多い。習近平は福建省勤務が長かったとはいえ、同省生まれ・育ちではない。台湾語は分かるのだろうか？　そんな私の質問に、郭俊次は「習主席は『台湾語はしゃべれないが、あなた方が台湾語で私の悪口を言ったら分かりますよ』と話していた。台湾語をある程度聞き取ることはできるようだ」と笑いながら答えた。

中国人も台湾人も「老朋友」を大切にする点は共通している。浙江省時代に会った時に、郭俊次が習近平に「あなたとは長い付き合いですが、いずれ中南海入り（共産党中央の指導部入り）されるでしょう。そうなっても、私のことを忘れてしまわないでくださいね」と言うと、習は「そんなことはあり得ませんよ」と謙遜した。郭の予想は現実のものになったが、習との付き合いは今も続いている。

3．郁慕明と張栄恭の証言

一致する「心のつながり」

郭俊次のほかにも、台湾には習近平の「老朋友」は多い。第Ⅱ章で取り上げた新党主席の郁慕明もその一人だ。郁は、習が「一国二制度」に言及して台湾に衝撃を与えた二〇一四年九月の会談以前にも、習と数回会っている。郁も習について、「福建省で一七年間勤務し、多くの台湾人ビジネスマンらと交遊したことが、台湾を深く理解することにつながっている」と指摘する。では、習の対台湾政策は、江沢民や胡錦濤ら以前の最高指導者と比べ、どんな違いがあるのか？

この問いに、郁慕明は「江沢民時代は両岸の交流が進み、胡錦濤時代にはルールが整備された。双方の接触が強まるにつれて、あれこれ問題が生じてきたが、習近平主席はその根本がどこにあるか知っており、対策を取っている」と答えた。具体的に挙げたのは、習が「心のつながり」を強調している点だった。確かに、二〇一四年九月の会談でも、習は「我々が追求する国家統一は形式上だけのものではない。もっと大切なのは、両岸同胞の心のつながりだ」（『新華社電』二〇一四年九月二六日）と述べている。郁は「これは台湾人の思いを酌み取っている証しだ」と解説する。

「心のつながり」は郭俊次も習近平の対台湾政策の特徴で第一に挙げた点だ。中国が本当に台湾統一を目指すなら、台湾人と心を通わせることが欠かせない、というのは正論ではある。習が掲げる「心のつながり」を重視する方向性は間違っていないが、台湾人の中国に対する思いはこのところ、むしろ離れていく一方であるのが現実だ。

青少年対策にも重点

もう一つ、郁慕明が指摘したのが、習近平が青少年対策の重要性を強調している点である。郁によると、最近の台湾の若者は中台の歴史や中国のことをよく知らない。それによって中台間に摩擦が生じていることを熟知しているからこそ、習は中台の青少年交流を強化

インタビューに答える張栄恭・国民党中央評議委員会主席団主席（2015年8月12日、台北市にて）

させることに熱心なのだという。特に、台湾で二〇一四年三月から四月にかけ、「ひまわり学生運動」が起こった後、中国国台弁は「両岸青年創新創業連盟」や「海峡両岸青少年新メディア文創基地」など中台の青年の起業支援に関するプロジェクトを、矢継ぎ早に一三も立ち上げている（徐斯《じょし》倹《けん》編『習近平大棋局』左岸文化）。習が郭俊次との会談の中で、台湾の中小企業、中南部、中低所得者、青少年と交流する「三中一青」にこだわっていたことは既に触れた。習の青少年対策重視という面でも、郁と郭の見方は一致する。

郁慕明は、習近平政権が二〇一五年七月から、中台交流活性化策の一環として、中国を訪れる台湾住民に取得を義務付けていた査証（ビザ）に相当する証明書を廃止したことも、「台湾通」の習ならではの決断だと解説する。この簡素化措置によって、台湾住民が訪中するには、パスポートに当たる「台湾居民来往大陸通行証」を携行するだけでよくなった。郁は「習主席が『両岸は一つの家族』だと本気で思っているからであり、台湾人の要望に応えたものだ」と評価した。

心の籠もった言い回し

元国民党スポークスマンの張栄恭《ちょうえいきょう》・同党中央評議委員会主席団主席は、『中央通信社』で中国ニュースを専門に扱う大陸新聞部主任を務めるなどメディア界での経験が長く、国民党中央大陸研究工作会主任や国家統一委員会研究委員なども歴任した対中政策の専門家である。張には、二〇一五年八月に台北でインタビューした。

張栄恭が初めて習近平と会談したのは、習が浙江省で勤務していた時だ。習が共産党総書記に就任してからも、連戦・国民党名誉主席に付き添って二回会っている。習について、張は「習主席が対台湾政策を語る時、『両岸は一つの家族だ』など、心の籠もった温かい言い回しをしていたのが強く印象に残っている。後で、国台弁の担当者から『何か皆さんをびっくりさせるようなことは言いませんでしたか？』と尋ねられ、『とても温かい話が多かった』と答えたのを覚えている。これは習主席と連名誉主席の間、また共産党と国民党の間に信頼関係があったからだろう。同じ内容の話でも、相手によっては違う表現になっていたのではないか」と話した。そして、その背景について、張は「やはり習主席が福建省で長く勤務していたことが影響しているのだろう」と分析した。

ただし、張栄恭は「台湾情勢は急速に変化しており、習近平主席が過去に理解していたものと現在とでは大きな落差がある。習主席はそれを分かっているとは思うが……」と付け加えるのを忘れなかった。二〇一四年の「ひまわり学生運動」で高まり、二〇一六年の総統選挙で民進党を圧勝させた台湾世論の反中感情を習がどこまで理解し、どう対処していくかを指摘したものである。

二　台湾人企業家への配慮

1. 習近平を最もよく知る企業家

シンポジウムで交遊を詳述

ここまで習近平をよく知る台湾の政界関係者の見方を紹介してきたが、習が地方勤務時代、一番親交を結んできた台湾人はビジネス関係者である。中でも、「習を最もよく知る台湾人企業家」と言われているのが、第II章で紹介した平潭島での座談会にも出席した冠捷科技の宣建生会長だ。習と宣の関係が広く注目を集めるようになったのは、宣が二〇一五年三月二六日に中国海南省博鰲で行われたボアオ・アジアフォーラムのシンポジウムに出席し、習との交遊について詳述してからだ。

宣建生は一九四三年、福建省で生まれた。両親は一九四九年、国民党政権とともに台湾に移ったが、宣は中国の祖父母の元に残され、街頭でゆで卵を売って家計の足しにするなど苦労を味わった。一八歳の時にようやく台湾に渡って両親と一緒に生活するようになり、成功大学で電気工学を学んだ後、米国に留学し、ボストン大学で修士号、ニューヨーク大学で博士号を取得した。

学業を終えて米電機大手ゼネラル・エレクトリック（GE）に入社したが、一九八一年に台湾に戻り、飲料会社などを経て、一九八八年にテレビ販売会社の会長に就任する。その後、液晶テレビやパソコンモニターの開発・製造に乗り出し、一九九九年に上場して社名を冠捷科技に変更した。二〇一一年にオランダ電機大手フィリップスのテレビ事業部門を買収するなど業容を拡大した冠捷科技は、現在では液晶テレビの受託生産では世界トップクラスで、台湾を代表する大企業の一つになっている。

銀行融資問題を解決

宣建生は一九九〇年、八〇〇〇万米ドルを投じて福建省福州市にパソコンモニター製造工場を建設した。その時の市党委書記が習近平だった。以下、シンポジウムでの発言から、宣と習の交遊を見てみよう（『新浪網』二〇一五年三月二六日、香港紙『サウス・チャイナ・モーニング・ポスト』中国語電子版、二〇一五年三月二七日）。

習近平は当時三七歳で、「若いのに、自信にあふれている」というのが宣建生の第一印象だった。習はよく宣を訪ねては、「企業が発展しない地方が、どうして繁栄できるのか」と企業支援を重視する姿勢を示し、いつも「何か困ったことはないですか？」と聞いていた。

工場建設当初、宣建生は難問を抱えていた。中国の銀行は、国内に固定資産を持つ企業にしか融資してくれず、資金調達が難航していたのだ。宣が習近平に相談すると、習は中国銀行福建支店の名前を挙げたが、「ご自分で行って交渉してください」と言うだけだった。中国銀行福建支店を訪れると、支店長は既に事情を承知しており、国内の固定資産以外でも抵当にすることを認めて融資を決定してくれた。習が話をつけていたのだ。

その後、冠捷科技がドイツのシーメンスと提携して中国国内で事業展開する計画が持ち上がり、中国政府の認可が必要になった。宣建生から依頼された習近平は、胡啓立《こけいりつ》・機械電子工業相に書簡を送るなど、仲介の労を惜しまなかった。こうした習の支援で冠捷科技のビジネスは順調に進み、発展の基礎を築いた。

企業家とは「君子の交わり」

冠捷科技の工場は、従業員宿舎や幹部用の住宅、医院や幼稚園なども備えていた。工場を視察した習近平が、宣建生に「従業員を手厚く扱ってくれていますね。あなた方はここで完全な社会主義を実践しています」とユーモアを交えて感謝の言葉を述べたこともある。工場ではよく一緒にジャージャー麺を食べ、宣が習を訪ねた時は、テニスを楽しんだ後、羊肉シャブシャブ鍋を囲んだ。宣は習について「我々企業家とはもたれ合いの関係は一切なく、『君子の交わり』を続けていた。私にとってはとても付き合いやすい人物だった」と振り返った。

二〇一三年三月、習近平は全人代の江蘇省代表団の会議で、企業家との関係について『君子の交わり』を実践することが重要だ。なれ合いになってはならない」と説いている。宣建生は「これは福建省での一七年間に、台湾の企業家と交流する中で体得した理念だ」と断言する。宣は「福州の工場には、与野党を問わず、多くの台湾の政治家が見学に訪れ、習書記もよく同席していた。私が知らない政治家も、彼はほとんど顔見知りで、『いろんな立場の人の意見を聞きたい』と話していた」とも証言している（『天下雑誌』二〇一二年一二月一二日号）。

習近平が福州市党委書記のポストを離れても、二人の交際は続いた。習は二〇〇〇年に福建省長に就任すると、真っ先に宣建生の工場を訪問した。習にほれこんだ宣は、習が浙江省に移った後は、同省にも工場を建設した。

こうした二人の関係は事実だとしても、ボアオ・アジアフォーラムは中国政府が全面支援しており、宣建生の発言は習近平の清廉さを強調して持ち上げるという側面があったことは否めない。だが、前述したように、福建省時代、遠華密輸事件をはじめ汚職事件が頻発し、多くの地方幹部が摘発される中、習近平はスキャンダルとは無縁に過ごしてきた。「企業家とは『君子の交わり』を」と肝に銘じていたというのは、うそではないだろう。

2. 企業家の置かれた立場

強い風当たり

宣建生のように中国の最高指導者と太いパイプを持つ台湾企業は、その関係を生かして中国で有利に事業を展開する半面、台湾では「金儲けのために、台湾を売り渡している」という非難の声にさらされている。中国では大量の従業員を雇っているのに、台湾での雇用はさほどではなく、「台湾に貢献していない」との見方が強いためだ。

中でも、ＩＴ企業はほとんどの生産拠点を中国に置いており、台湾企業が生産したＩＴハードウエア製品の九三・五％は中国で製造されているのが現状だ。中国以外の海外は六・一％で、台湾は〇・四％に過ぎない（二〇一三年実績、財団法人資訊工業策進会統計）。特に、二〇〇八年に馬英九政権が発足して中台経済交流が加速して以後、この傾向は強まった。その結果、一部の大企業に恩恵が集中する一方で、若者の失業率が上昇し、大卒初任給は二〇年前より下がるなど、格差の拡大が社会問題化してきた。こうした若年層の不満は、二〇一四年の「ひまわり学生運動」の遠因にもなった。蔡英文も二〇一六年五月二〇日の総統就任演説で、若者対策を新政権の最重点課題に挙げたほどだ。

大企業への風当たりは強まり、企業家は目立つ振る舞いを慎むようになってきた。私は二〇一五年八月の台湾出張の際、宣建生に取材を申し込んだが、秘書から「習近平国家主席は今や中国トップの存在だ。いくら古い付き合いとはいえ、中国の最高指導者について企業家が論評などすべきではない。両岸関係は良くなったり、悪くなったりするもので、私たちはビジネスに専念したい」と丁重に断られた。

国民党支持が主流

中国で事業を行っている台湾の企業家には国民党支持者が多い。台湾の主体性を重視する民進党より、中台交流に積極的な国民党の方が中台関係は安定し、ビジネスがしやすくなると判断しているからだ。それを象徴するのが、再選を目指す国民党の馬英九と民進党の蔡英文がデッドヒートを繰り広げた二〇一二年の総統選挙だ。選挙戦終盤になって、電子機器の受託製造サービス（ＥＭＳ）世界最大手・鴻海《ホンハイ》精密工業の郭台銘《かくたいめい》会長やスマートフォン大手・宏達国際電子（ＨＴＣ）の王雪紅《おうせつこう》会長らが相次いで馬支持を宣言し、メディアも目立つ扱いで取り上げた。

日本では大企業のトップが選挙でどの候補を支持するか公言することはあまりないが、台湾では著名企業家の支持表明は大きな影響力を持つ。特に、王雪紅は台湾プラスチックグループの創業者で「台湾の松下幸之助」「経営の神様」などと呼ばれて尊敬された王永慶《おうえいけい》の娘で、大衆的な人気がある。王雪紅の支持表明は投票日前日という絶妙のタイミングだったこともあって、馬英九勝利を決定付けたと言われた。

総統選挙や立法委員選挙では、一〇〇万人以上と言われる中国駐在の台湾人ビジネスマンとその家族が投票のため、一斉に台湾に戻るのが慣例になっていた。だが、二〇一六年の総統選挙と立法委員選挙では、著名企業家による支持表明はあまりなく、中国からの「里帰り投票」も低調だった。蔡英文当選が確実視されていたため、表立った動きを控えたとみられている。

3．進む「脱中国依存」

強いられる「踏み絵」

このところ台湾でやり玉に挙げられることが多い企業家たちだが、一方で、中国政府が状況によって「経済カード」を切ってくる可能性があるのは、第Ⅳ章で見た通りだ。中国でビジネスを行う以上、やはり共産党政権との関係には細心の注意を払わなければならない。

第Ⅳ章で取り上げた奇美実業の許文龍会長には後日談がある。許は中国の「工場閉鎖命令」情報流布などの圧力にもめげず、二〇〇四年の総統選挙でも民進党の陳水扁総統を支持し、再選に貢献した。そんな許について、『人民日報』が二〇〇四年になって、名指しで批判するようになる。そして、許は二〇〇五年になって突然、『聯合報』に「台湾と大陸は『一つの中国』に属する」と表明した書簡を公表したのである。許は強固な独立派と目されていただけに、台湾社会に激震が走った。『聯合報』は後日、奇美実業の傘下企業が中国で円滑に事業ができるようにするのと引き換えに、中国側が許に公表を迫ったと伝えた。

「一つの中国」の原則を認めるかどうかは、許文龍のような独立派の企業家にとっては「踏み絵」を踏まされるようなものだ。この一件は、台湾人企業家は中国側に生殺与奪の権利を握られているという現実を映し出した。

「中国活用型モデル」の限界

このように台湾企業にとって過度の中国依存は政治的なリスクをはらむ。蔡英文政権はその是正を掲げているが、経済情勢の変化も台湾企業に「脱中国依存」を迫っている。最大の要因が、中国の人件費高騰である。日本貿易振興機構（ジェトロ）の調べによると、アジアの製造業作業員の月額基本給（二〇一五年一〇月時点）は、中国はインドネシアの一・七倍、ベトナムの二・三倍などとなっている。コスト低減を目的に中国に進出するメリットが少なくなってきているのである。三〇年以上も続いた一人っ子政策によって中国でも少子高齢化が進み、二〇一二年から生産年齢人口（一五～五九歳）の減少が始まっている。安価な労働力に頼る「中国活用型モデル」は限界に差し掛っているのだ。

こうした状況に対応するため、蔡英文政権は中国への一極集中を改め、ASEANやインドなどに投資の軸足を移す「新南向政策」を経済改革の重点政策の一つに掲げている。ただし、名称に「新」と付いていることからも分かるように、「南向政策」自体は国民党の李登輝政権や民進党の陳水扁政権でも提唱されていた。だが、ASEANやインドは中国に比べてインフラやサプライチェーンの整備が遅れているうえ、台湾企業にとって言語や商習慣が近いというビジネス上の優位性が発揮できないこともあって、これまでは思うように進んでこなかった。

蔡英文政権は総統府に「新南向政策弁公室」を設置し、責任者に黄志芳《こうしほう》・元外交部長（外相）を起用した。二〇一六年八月には「新南向政策綱領」を発表し、ASEANやインド、オーストラリア、ニュージーランドなど台湾の南方にある一八カ国と、経済、科学技術、文化など各方面で交流を強化する方向性を打ち出した。この中で、「新南向政策」の推進に当たって、中国とも協力していく方針を示している。一八カ国の多くは中国が最大の貿易・投資相手で、中国との関係は悪化させたくないのが本音だけに、台湾としても中国の協力を得ることが不可欠だからだ。ただ、中台経済統合にとっては遠心力となる台湾の「新南向政策」に、中国がどこまで協力するかは不透明だ。

三　中国専門家の視点

1．習近平の個性

台湾には強い態度で対応

台湾の中国専門家たちは、習近平や中台関係をどう見ているのだろうか。私は二〇一五年八月に台湾を訪れ、中国問題の研究者や政府の対中政策責任者らにインタビューした。五カ月後に迫った総統選挙は、民進党の蔡英文の当選が当然視されていたため、誰もが「蔡英文政権」を前提にして質問に答えた。

陳明通《ちんめいつう》・台湾大学国家発展研究所所長は、民進党の陳水扁政権で蔡英文主任委員の下、大陸委員会副主任委員を四年間務めた。その後、主任委員も経験しており、学者ながら対中政策の実務にも詳しい。習近平について、「福建省で一七年間勤務したので、台湾についてよく理解している。しかし、自分は『台湾通』という強い自負があり、対台湾政策に自信を持っているだけに、他人の意見は聞き入れない」と指摘した。中国の対台湾政策を取り仕切っているのは習本人との見方だ。

その上で、「習近平は強烈な民族主義者だ。『中国の夢』を唱え、民族主義を前面に出して反腐敗運動を進めている。こうしたやり方に、共産党内にも反発があるが、力で押し切ろうとしている。台湾に対しても、当然、過去の指導者より強い態度で迫ってくるだろう」と予測した。台湾に対する「強い態度」について、具体的には論じなかったが、南シナ海や尖閣諸島を巡る中国の行動を取り上げ、「こうした動きは周辺地域にとっては脅威となり、緊張を引き起こす」と警告した。

共産党の「創業者一族」

張五岳《ちょうごがく》・淡江大学中国大陸研究所所長も、官庁の諮問委員などを務め、メディアで売れっ子の中国問題専門家だ。習近平とそれ以前の指導者との違いについて、「江沢民や胡錦濤が政権スタート時には共産党中央軍事委員会主席のポストに就いていなかったのに比べ、習近平は最初から党・国家・軍の権力を掌握している。共産党幹部二世の『太子党』である習は、いわば創業者一族であり、雇われ最高経営責任者（CEO）である江や胡とは異なる」と、企業経営者に例えて解説した。

インタビューに答える張五岳・淡江大学中国大陸研究所所長（2015年8月11日、台北市にて）

そして、習近平は「太子党」があるが故に、「共産党を弱体化させたり、党の利益を犠牲にしたりすることに対しては厳しく対応する。徹底した愛国主義者であり、民族主義者だ」と断じた。習が共産党の利益を守った例として、二〇一四年に香港で行政長官の民主的選挙を求めて二カ月半以上にわたって繰り広げられた抗議活動「雨傘運動」に対して、「ゼロ回答」で通したことを挙げ、「将来、同じ問題が台湾にも降りかかってくるかもしれない」と危惧した。

習近平の「台湾理解」については、「福建省に一七年間勤務したことで、一定程度、台湾の状況に通じているのは間違いない」としながらも、「習近平は既

インタビューに答える江丙坤・元海峡交流基金会理事長
(2015年8月10日、台北市にて)

に共産党内で権力を固め、自分自身の理念も持っており、必要なら広く各層の意見を聞くことができる。長く福建省に勤務し、台湾人企業家らと接してきたが、それが今の対台湾政策に大きな影響を与えているとは思えない。政策決定では、自分のやり方を貫いている」と、福建省での経験と現在の立場は切り離して考えるべきだと説いた。

決断力のあるリーダー

第一次馬英九政権（二〇〇八～二〇一二年）で中国との交流窓口機関である海基会理事長を務め、ＥＣＦＡ締結などの対中交渉を指揮した江丙坤は、習近平と北京で二回、海南省のボアオ・アジアフォーラムで一回会っている。ゆっくり懇談する機会はなかったというが、直接接した感触から、習を「ポーカーフェイスだが、決断力がある。思い切ったことができるリーダーだ」と評した。

習近平の政権運営に関しては、「地方幹部の評価も、かつてのように経済成長を達成したかどうかだけでなく、福祉政策も加味するなど、部下に対して非常にレベルの高い要求をしている。反腐敗運動の取り締まりも手心を加えることはない」と、その厳しさを指摘した。一方、台湾への対応については、「彼の性格からして、台湾の独立には容赦をしないはずだ。一歩も譲らず、強硬策もためらわないだろう。台湾にとっては手ごわい相手だ」と警戒した。

以上三人の見方に共通するのは、習近平は台湾について理解が深いが、それは台湾にソフトな態度で接することを意味せず、むしろ強硬策に打って出る可能性が強いということである。そして、その決定権は習本人が握っているという点でも、専門家の意見は一致する。

2. 蔡英文政権への出方

台湾の友好国を切り崩し

第Ⅲ章の「蔡英文への回答」でも登場した林中斌・元台湾国防部副部長は、政治面に加えて軍事面も詳しく、中台問題の分析には定評がある。習近平の手法について、「最初は強く出て、その後は柔軟に対処するのが特徴だ。ただし、原則は変えない」と持論を展開した。

インタビューに答える林中斌・元台湾国防部副部長（2015年8月11日、新北市にて）

その具体例として紹介したのが、中国が二〇一五年一月、台湾との中間線付近の台湾海峡に民間航空機の航路を新設すると一方的に発表したケースだ。台湾はこの路線が金門島や馬祖島と台湾本島を結ぶ路線に近く、運航の安全が脅かされると反発し、翌月に予定していた中台閣僚級会談を延期した。中国は一月末から運航を始める予定だったが、台湾の反応を見て三月に延期するなど柔軟性を見せた。しかし、新航路の実施は譲らず、原則は貫いたという。中国が二〇一三年一一月に東シナ海上空に設定した防空識別圏を巡り、直後に米軍機が事前通告なしで飛行したのに黙認するなど一定の妥協はしながら、結局は防空識別圏を定着させた例も付け加えた。

蔡英文政権誕生後の中国の出方については、「台湾と国交を持つ二二カ国に迫って断交に追い込んだり、中国でビジネスを行っている台湾企業や経営者に圧力をかけたりする可能性もある」と懸念した。実際に、台湾は二〇一六年一二月二一日、西アフリカの島国サントメ・プリンシペとの断交を発表した。総統府は「中国大陸の当局がサントメ・プリンシペの財政困窮に乗じて、『一つの中国』の原則を掲げて両国関係を操作したことは大変遺憾である。このようなやり方は、両岸関係の長期的な発展にとっても全くプラスにならない」との声明を出し、中国が関与したとして批判した（『Taiwan Today』二〇一六年一二月二二日）。中国は五日後の同月二六日、サントメ・プリンシペと国交を結んだ。二〇一七年六月には、太西洋と太平洋をつなぐ国際運河を擁する交通の要衝・中米パナマも中国と国交を樹立し、台湾と断交した。これで、台湾が外交関係を持つ国は二〇ヵ国になった。

また、台湾の海鮮レストラン大手、海覇王グループは二〇一六年一二月五日の『旺報』に突如として、「両岸はともに一つの中国に属することを断固として支持する」との声明文を載せた。海覇王グループは一部の店舗が蔡英文の一族が所有するビルに入居しており、蔡や政権との関係は良好とみられていたが、声明文は、蔡一族はグループの株式を所有しておらず、あくまで家主と店子の関係に過ぎないと強調するなど、「絶縁状」とも読める内容だ。『旺報』は、海覇王グループが中国で展開する事業で、虚偽表示で罰金を科されたり、安全性に問題があるとして当局から指導を受けたりしていたことを伝えており、中国当局から圧力があったことをうかがわせる。サントメ・プリンシペやパナマとの断交といい、海覇王グループの異様な声明文といい、林中斌が危惧した通りに事態は推移している。

「三通」は中断せず

ところで、陳明通は、国民党の馬英九政権が始めた「三通」について、「あれは、元々は民進党の政策だ。陳水扁総統が発表した『中国政策白書』に『三通』を盛り込んでいる。私は二〇〇七年四月に大陸委員会主任委員に任命される際、陳総統に呼ばれ、中国と『三通』に関する交渉を進めるよう指示された」と証言した。

陳水扁は「三通」実現を公約に掲げていたが、中国は「一つの中国」の原則を認めないとして、陳政権との対話を中断した。二期目（二〇〇四〜二〇〇八年）の終盤に当たり、研究者仲間などを通じて中国とのパイプを持つ陳明通を対中政策責任者に起用し、何とか「三通」にめどを付けたかったようだ。陳明通は、馬英九政権が解禁した中国人観光客の受け入れについても、「中国と話し合うよう陳水扁総統から命じられていた」と打ち明けた。

陳明通によると、「三通」と中国人観光客受け入れについての水面下の協議に中国側も応じ、「直行便を国際線として扱うのか国内線とするのか、双方がどこの空港に乗り入れを認めるかなど、実務的な問題はクリアしていた。しかし、二〇〇八年三月の総統選挙が近付いたため、中国側は『選挙に干渉したくない。選挙が終わったら、また話し合おう』と協議を打ち切った」という。陳の口調には、馬英九政権に手柄を持って行かれた口惜しさが滲んでいた。

では、国民党の馬英九政権から民進党の蔡英文政権に代わると、中国は「三通」を停止するのだろうか？　陳明通は「そのような懲罰的なやり方をすれば、中国は民進党支持者だけでなく、国民党支持者まで敵に回すことになる。台湾人の心はますます中国から離れていくだけだ。中国もそれは分かっている」として、中国が「三通」中断には踏み切らないとの見通しを明らかにした。

二つの一〇〇年

台湾総統選挙では、いつも中国の「介入」が問題になる。中国にとっては、中台融和路線を取る国民党の勝利が望ましいためで、過去の選挙では、民進党に対する威嚇や国民党への利益誘導など、なりふり構わずに手を打ってきた。だが、二〇一六年一月の総統選挙戦では、六六年ぶりの中台首脳会談というサプライズはあったものの、これまでのような露骨な「介入」は見られなかった。

今回は投票前から勝負がついていたという事情もあるが、張五岳は「総統選挙でいつも最大の争点となる台湾の統一・独立問題で、蔡英文は『現状維持』を掲げ、穏健路線を歩むことを宣言している。だから、国民党はこれまでと違って、この問題でポイントを稼ぐことができない。選挙戦では、格差の是正など内政問題がメーンで、両岸関係は重要なテーマにはなっていない」として、中国は表立って動かないだろうとの見方を示した。

結局、張五岳の読み通りになったわけだが、張は習近平政権が共産党設立一〇〇年となる二〇二一年と、中華人民共和国建国一〇〇年の二〇四九年の「二つの一〇〇年」を重視していることに注目し、「二〇二〇年の次期台湾総統選挙は、中国は今回のような静かな対応ではすまさないだろう。習近平は二〇二二年に共産党総書記就任一〇年となり、慣例に従うと後任にバトンタッチすることから、その前に必ず台湾に強い圧力をかけてくるはずだ」と予想した。

今の時点で二〇二〇年の総統選挙は見通しにくいが、民進党は蔡英文が二期目を目指すシナリオが有力だ。そうなれば、張五岳の見立てでは、今度は中国が何らかの強硬策に出る可能性が高いということになる。総統選挙が近付くにつれ、中台の攻防は激しさを増してくるだろう。

3．対中政策責任者の視点

中台交流の意義

台湾政府で対中政策を主管する大陸委員会の呉美紅《ごびこう》・副主任委員は、まず中台交流の意義を強調し、「八年間の馬英九政権の大きな成果は、それまで一〇年近く途絶えていた中台の制度的な対話である海基会と海協会の対話を復活させたことだ。双方の協議を通じて、これまでに二一の協定に署名した」と馬政権の業績を並べた。

大陸委員会と中国側の国台弁のトップ会談が実現し、政府間対話に格上げされたことにも触れ、「双方のトップの間で、緊急時に話し合うホットラインが開設されるなど、現在は、過去六十数年で両岸関係が最も平和で安定している時期だ」と胸を張った。そして、中国との協議については、「『先易後難』（やさしいことから始め、難しいことは後に回す）、『先経後政』（経済問題から始め、政治問題は後に回す）、『先急後緩』（初めはできることを急いでやり、その後で難しいことをゆっくりと進める）の原則に沿って進めている」と方針を披露した上で、「中国側は政治協議や軍事的信頼関係の構築などを求めているが、政治的なテーマを扱うには、台湾社会でまだコンセンサスができ上がっていないというのが我々の認識だ。だから、中国側とはまだこうした問題についての協議は行っていない」と強調した。

インタビューに答える呉美紅・大陸委員会副主任委員
（2015年8月12日、台北市にて）

習近平に警戒心

一方、習近平については、「福建省での勤務が長く、台湾人企業家の知り合いも多い。だから、台湾についての理解は深いはずだ」と、「台湾通」であることは否定しなかった。この点では、中国問題研究者らの見解と重なる。ただし、「台湾に対して『両岸は一つの家族』と呼び掛けたり、『中国の夢』や『両岸運命共同体』を掲げたりするなど、いつも民族主義を持ち出してくる。『中華民族の偉大な復興』を両岸の運命と結び付けようという戦略だ。しかし、その論理には、大陸一三億人の民意を台湾二三〇〇万人の民意に対抗させる意図が透けて見える」と不信感を隠さなかった。

そうした習近平の振る舞いや態度に関しては、「非常に強く、自信にあふれている」と認めながらも、「両岸交流の中で、中国側が一方的に決めて実施するものが多い。例えば、青年層の交流行事などだ。こんなことは、彼がトップに就任する前にはなかった」と不満を漏らした。対中政策を担当する重要ポストにある官僚として日々、中国と相対しているだけに、習に対して、強い警戒心を持っている様子がうかがえた。

台湾がなすべきこと

台湾は二〇一六年の輸出額の四〇・一％、二〇一七年三月末までの累積対外投資額の五九・四％が中国向けで（台湾税関、経済部統計、輸出は香港向けも含む）、対中依存度は危険水域に近付いている。台湾が中国と交流しながら、のみ込まれずに生き残っていくには、どうすればいいのか。

これについて、呉美紅は「中国経済は減速しており、その影響で台湾の輸出も低迷している」と現状を述べた上で、「台湾企業の対中投資環境は変化している。台湾企業は投資や経営の構造をレベルアップし、競争力を高めなければならない。中国が台湾企業に対して与えている優遇措置に頼っていてはいけない」と自戒した。

経済戦略に関しては、「対中と対（アジア太平洋）地域の経済関係を同時に強化する『両軌並進』政策を進めている。これは、中国との貿易・投資を活発化させるとともに、TPPやRCEPなど国際的な経済組織に加わり、地域との関係も緊密化させるものだ。対中を先にやって、それから地域との関係を築くというやり方はしない。行政院には既にワーキングチームを設置している」と説明した。

馬英九政権はTPPやRCEPへの加盟を目指していたが、実現しなかった。蔡英文政権も同じ目標を掲げているが、馬政権のような中国との「両軌並進」でなく、「新南向政策」を推進して対中依存度を下げる一方、地域重視にかじを切ったのが異なるところだ。

Ⅵ　中国の対台湾政策

一　共産党と政府の体制

1．党が方向性を決定

憲法で党上位を規定

ここまで、習近平が福建省で勤務していた時代から台湾事情に通じ、最高指導者になっても台湾問題の解決に強い意欲を持っていることを、さまざまな資料や証言によって明らかにしてきた。それでは、習の意向は、どのように現場の行政機関に伝わるのだろうか。それを確認するために、中国の対台湾政策が実際にはどのようにして決定され、実施されるのか見てみよう。

中国は憲法で「共産党が国家を指導する」と規定しており、党が国家より上位に置かれている。党が方針や方向性を決め、それに従って国務院（政府）が行政を執行するシステムである。国会に相当する全人代は、憲法では「国家権力の最高機関」と定められているが、実態は党の決定を追認する機関に過ぎない。

共産党は五年に一度、党大会を開いて、党規約の改正や中央委員会報告の審議、中央委員の選出、その他の重要議題を討議する。党大会開会中以外は、中央委員（約二〇〇人）と中央委員候補（約一七〇人）で構成する中央委員会が決議を行う。中央委員会は年一回開かれ、重要な方針や政策を決める。中央委員から政治局員（二五人）が選ばれ、その中から政治局常務委員が指名される。政治局常務委員は政権によって人数が異なるが、現在は七人だ。政治局常務委員こそ最高意思決定層であり、トップの習近平総書記を筆頭に序列が決められている。総書記が党員約八八〇〇万人という世界最大の政党の頂点に君臨するピラミッド構造になっているのである。

政策を決める「小組」

一党独裁体制の下、権力を一手に握る共産党だが、実質的に政策を決めているのは「小組」と呼ばれる組織だ。名前からして、末端のワーキングチームのように思われがちだが、実はこの「小組」が大方針をつくり上げているのである。例えば、外交・安保政策は

「中央外事工作領導小組」、経済・財政政策は「中央財経領導小組」といった具合で、これら「小組」のトップの多くは党総書記の習近平が兼任している。習体制になって、「小組」は各部門の意見を取りまとめる調整役から全権を持った決定機関に権限が拡大しており、「中央全面深化改革領導小組」「中央インターネット安全領導小組」など新たにできたものも多い。

「小組」は党政治局や政治局常務委員会に直接つながり、政府の省庁より格上だが、固定した事務所や構成メンバーはなく、単独で文書を作成することもないという。外部からは政策や方針の決定過程が見えにくい仕組みになっている（『習近平の権力闘争』）。

対台湾政策のメカニズム

対台湾政策の決定・実施においても、党優位のメカニズムが機能する。対台湾政策を最終的に決定するのは党政治局常務委員会だが、同委員会に提案する政策をまとめたり、関係機関との調整を行ったりするのが「中央対台湾工作領導小組」である。そのトップである組長には習近平・党総書記が、副組長には兪正声《ゆせいせい》・政協主席が就き、台湾担当の副首相や国務委員、党中央書記処第一書記、党中央統一戦線工作部長、国家安全部長らがメンバーとして参加しているとされる（防衛省防衛研究所編『中国安全保障レポート二〇一三』)。

党が決定した政策を実施するのは、国務院台湾事務弁公室(国台弁)である。これは政府機関なのだが、一九九一年に党組織である中共中央台湾事務弁公室と合併している。国台弁トップの主任は閣僚で、かつては外務省の「ジャパン・スクール」で日本通の王毅・現外相が務めたこともある。

国台弁の下部組織で、台湾との実務交渉や協定への署名などを行っているのが海峡両岸関係協会(海協会)だ。中台は相手を国家と認めていないので、中国側は海協会、台湾側は海峡交流基金会(海基会)という民間の交流窓口機関を設立し、接触してきた。二〇一四年になって、中国側の国台弁主任と台湾側の大陸委員会主任委員による初の公式トップ会談が開かれたのは、第Ⅲ章で述べた通りだ。

2. 権力を掌握した習近平

政府機関に不満を抱く

このように、党政治局常務委員会・「中央対台湾工作領導小組」↓国台弁↓海協会というのが、対台湾政策決定・実施の流れである。習近平がトップを務める党の政治局常務委員会や「小組」の決定が政府機関の国台弁へ、さらに実務機関である海協会へと伝えられ、政策が実行に移される。だが、習体制になって、「中央対台湾工作領導小組」に権限を集中させるようになり、国台弁の存在感は薄まった。その国台弁も、前任の胡錦濤に近い幹部を習の息のかかった人物に取り換える動きが進んだ（『習近平大棋局』）。

第Ⅳ章で習近平に対する見方を紹介した林中斌・元台湾国防部副部長も、「私が得た情報では、習は国台弁に強い不満を抱いているようだ。胡錦濤政権以来、中国が経済面で台湾に大きく譲歩してきたのに、その恩恵が台湾の庶民に届かず、若者を中心に馬英九政権や中国に反感を持つようになった。習は、これは双方の官僚の間でもたれ合いがあったせいだとして、国台弁に不信感を持っている」と解説した。

さらに、「国台弁の幹部を処分したりすれば、イメージダウンになるので、表立って手は付けていない。その代わり、国台弁を飛ばして対台湾政策を行うようになった」と明かし、その例として、台湾人が証明書なしで中国を訪れることができるようにした措置は、国台弁ではなく、公安当局が台湾側に通知したことを挙げた。二〇一五年一一月に行われた中台首脳会談も、習近平が決断し、トップダウンで進めたからこそ実現できたというのは衆目の一致するところだ。

権力を一人に集中

共産党の組織は堅固だが、やはりトップに誰が就くかで政権運営は変わってくる。胡錦濤時代は、党政治局常務委員会は集団指導体制で、政策は九人の常務委員による多数決で決められた。総書記といえども九分の一の権限しかなく、しかも常務委員には江沢民派が多かったため、胡は強いリーダーシップを発揮することができなかった。

胡錦濤の苦境を見てきた習近平は、自らの権力を強化することに精力を注いできた。前述のようにさまざまな分野で「小組」をつくり、そのトップに就任することで、自分一人に権力が集中する体制を築き上げた。経済分野は本来、李克強首相の担当だが、習は二〇一三年一二月に新設した「中央全面深化改革領導小組」などを通して実権を奪った。習政権スタート時に、李の姓にちなんで名付けられた経済政策「リコノミクス」という言葉も、今では誰も口にしなくなった。

また、習近平は「トラ（高級幹部）もハエ（下級官僚）もたたく」をスローガンに反腐敗運動を進め、江沢民や胡錦濤に近い幹部を次々と摘発し、政敵を葬り去ってきた。報道機関やインターネットに対しても締め付けを強め、情報統制で支配権を握った。こうして絶大な権力を手にした習は、「毛沢東以来の強い指導者」と称されるまでになったのである。

党の「核心」に

習近平は二〇一六年になって、さらに権力基盤を固めた。一〇月の共産党六中全会で、習が党の「核心」と位置付けられたのである。これで、別格の指導者と認められたことになり、習の「一強体制」が確立した。六中全会で発表されたコミュニケには「習同志を核心とする党中央」との表現が盛り込まれたが、共産党において「核心」という言葉は極めて重い意味を持つ。「核心」が使われるようになったのは、一九八九年の天安門事件を受けて急遽総書記に抜擢された江沢民を権威付けるため、鄧小平が江を「第三世代の指導部の核心」に指名したのが始まりだ。これで江は、第一世代の毛沢東、第二世代の鄧に並ぶリーダーに祭り上げられた。江の後を継いだ胡錦濤は「胡同志を総書記とする党中央」との表現にとどまり、「核心」と呼ばれることはなかった。院政を敷いた江の影響力が強かったためで、胡は集団指導体制を進めるしかなかった。

「核心」の地位を手に入れるのに、習近平は周到に準備を重ねてきた。二〇一六年初めに、一部の地方指導者が「習総書記という核心を断固として守る」などと発言するようになったが、習への権力集中に対する反発も強く、「核心」は党中央の指導者には広がらず、一旦下火になった。その後、「核心意識」を浸透させる全国的な学習運動を展開し、六中全会直前になって、天津市党委書記が「党には核心が必要だ」と演説するなど、再び「核心」と呼ぶ動きが相次ぎ、流れができ上がったのである。これで、習は二〇一七年秋に開く第一九回党大会人事の主導権も握ることになった。もはや対台湾政策も習の胸一つというのが現実だろう。

3．歴代政権の方針

「解放」目指した毛沢東

ここで、中国の歴代指導者がどのような対台湾政策を行ってきたのかを概観しておこう。もちろん、指導者の個性とともに、時代背景が大きく影響しているのは言うまでもない。

国共内戦に勝利した毛沢東は、一九四九年一〇月に中華人民共和国を設立した後、数年内に台湾を「解放」する計画だった。同月の金門島での「古寧頭の戦い」では一敗地にまみれたものの、その教訓を生かして、台湾に対する武力攻撃の準備を本格化した。同年一二月三一日、共産党は「前線の将士と全国の同胞に告げる書」を発表し、「人民解放軍と中国人民の一九五〇年の光栄なる戦闘任務は台湾、海南島とチベットを解放し、中国統一を完成させることにある」とぶち上げた（山本勲『中台関係史』藤原書店）。

一方、米国は、共産党が台湾に侵攻しても介入しない方針を決めていた。ハリー・トルーマン大統領は一九五〇年一月の声明で、「米国政府は中国国内の紛争に巻き込まれる道を進むようなことはしない。台湾に軍事的に支援をしたり、助言を与えたりすることもしない」と表明した。ディーン・アチソン国務長官もナショナル・プレスクラブでの演説で、米国の防衛範囲をアリューシャン列島から日本、沖縄、フィリピンを結ぶ地域に限定し、韓国と台湾は対象外とする方針を示した。

だが、一九五〇年六月二五日に朝鮮戦争が勃発し、状況は一変した。米国は二日後、台湾海峡に第七艦隊を派遣し、トルーマンが「台湾中立化宣言」を発表した。その中で、トルーマンは「韓国への攻撃で、共産主義は武力侵攻と戦争手段に訴えて、他国を征服するものであることが明白になった。私は第七艦隊に対して、台湾に対する攻撃を防止するよう指令した」と述べ、共産党軍の台湾侵攻には軍事力を行使する方針に転換したことを明らかにしたのである（『米中台関係の分析』）。第Ⅲ章で見たように、毛沢東は以後、金門島への二次にわたる砲撃を経て、台湾の「解放」は放棄しないものの、長期的目標にする戦略に転じた。

平和統一に転換した鄧小平

中国の対台湾政策が大きく変わったのは、鄧小平が復活して実権を握り、一九七八年一二月の共産党三中全会で改革・開放政策を打ち出してからだ。経済建設を最優先する方向にかじを切った中国は、一九七九年一月一日、「台湾同胞に告げる書」を発表した。その中で、台湾問題を処理するに当たり、「台湾の現状と台湾各界の人々の意見を尊重し、情理にかなう合理的な政策と方法を採用して、台湾人民に損失を被らせない」と台湾に秋波を送った。同日から、金門島への砲撃も停止した。毛沢東の「武力解放」から平和統一に方針を改めたのである。

さらに、一九八一年九月には、葉剣英《ようけんえい》・全人代常務委員長が台湾平和統一のための九項目を発表した。この中で、葉は「三通」の実施や「四流（学術、文化、スポーツ、科学技術の交流）」の促進とともに、「国家統一が実現した場合は、台湾は特別行政区として、高度な自治権と独自の軍隊を持つことができる」「中央政府は台湾の地方事務に関与せず、台湾の現行の社会・経済制度や生活方式、外国との経済・文化関係は不変である」などと述べた（安田淳・門間理良編著『台湾をめぐる安全保障』慶應義塾大学出版会）。

翌年一月、鄧小平は葉剣英の提案を「一国二制度」と銘打ち、それ以後の平和統一の基本政策に据えた。だが、鄧の呼び掛けに対し、台湾の蔣経国総統は「接触せず、交渉せず、妥協せず」の「三不政策」を貫いた。

江沢民以降は「一国二制度」を継承

鄧小平以降の政権は、基本的に「一国二制度」による平和統一政策を受け継いでいる。その上で、一定の独自色を示すのが通例になっている。一九八九年に党総書記に就任した江沢民は一九九五年、「江八点」と呼ばれる八項目の提案を行った。この提案は「台湾の各党派、各界人士と統一問題で意見交換することを歓迎する」と述べたり、中台の指導者の相互訪問を呼び掛けたりするなど、かなり台湾側に配慮したトーンになっている。また、「中国人は中国人を攻撃しない。我々が武力行使を放棄しないのは、台湾独立を狙う外国勢力が中国統一に干渉する陰謀に対応するためだ」と武力行使の要件を限定するかのような内容も含んでいる。

この提案に対して、台湾の李登輝総統は二カ月後、「李六条」と名付けられた逆提案で応えた。李はその中で、「両岸は二つの政治実体の下で、分裂・分治状態にある。双方がこの事実を認めてこそ、コンセンサスを得ることができる」と指摘し、江沢民の『一つの中国』の原則の下で、何でも話し合おう」との誘いには乗らなかった。また、李は台湾が既に中国との内戦状態の終結を宣言していることを強調し、「中共が武力不行使を宣言していないのは遺憾だ」として、この状態では交渉には応じられないと突き放すなど、江の提案をほとんど相手にしなかった。

二〇〇二年に総書記に就任した胡錦濤は二〇〇五年三月、「胡四点」と呼ばれる対台湾政策を打ち出した。その中で、台湾の陳水扁総統に対し、『九二年コンセンサス』を受け入れるなら、中台の対話は復活できる」と訴えたが、陳は無視した。胡は同時期に、台湾に対する武力行使を法的に正当化する「反国家分裂法」を成立させている。この法は、中国が台湾に武力行使する条件として、①「台湾独立」勢力の分裂活動、②分裂への重大な事変の発生、③平和統一の可能性の完全な消失——を挙げており、独立色の濃い政策を進める陳政権を牽制する狙いは明白だった。

二　台湾との経済関係

1．改革・開放後に活発化した交流

中国が台湾との貿易を奨励

一九四九年に共産党が中華人民共和国を設立し、国民党政権が台湾に移転してから、中台間の貿易ルートは遮断された。しかし、一九五四年までは密貿易がかなり行われていた。中国船が台湾に寄港して唐紙、磁器、木材などを持ち込み、石炭、白砂糖、金物

雑貨、外国薬品などを仕入れて戻って行った。その密貿易も、中国が金門島を砲撃した一九五四年以降はほぼ姿を消した（林満紅『台湾海峡　両岸経済交流史』財団法人交流協会）。その後は、中国でしか手に入らない漢方薬の素材を台湾側が香港経由で輸入していた程度だった。それも年間三〇〇万米ドル規模の取引しかなかった。

中台貿易が復活するのは、一九七八年に中国が改革・開放政策に転じてからだ。中国政府は翌一九七九年、「台湾地区貿易展開に関する暫定規定」、一九八〇年には「台湾産品を購入する補充規定」を公布し、中台貿易を「国内貿易」と見なし、台湾の農産品や製品に対する特恵関税や優遇価格を導入して、中台の貿易を奨励した（渡辺利夫、朝元照雄編著『台湾経済読本』勁草書房）。

台湾の国民党政権は中国との貿易を禁じていたが、中国政府の相次ぐ対台湾優遇措置により、香港などを経由して、中国で不足していた家電や自動車などの耐久消費財が台湾から中国に大量に輸出された。中国からは繊維製品や皮革製品などが台湾に輸出された。

台湾も対中間接貿易を認可

こうした実態を台湾政府も無視できなくなり、一九八七年八月になって、中国からの重要農工業原料二九品目の間接輸入を初めて認めた。同年一一月には、住民の中国への親族訪問を解禁したが、台湾人ビジネスマンが親族訪問名目で中国に渡り、貿易活動を行うことも多かった（黄登興、黄幼宜『両岸三地貿易流量的変遷――引力模型的験證』中央研究院経済研究所）。

国民党は一九八八年に開いた全国代表大会（党大会）で、「現段階における大陸政策」を採択し、表向きは「接触せず、交渉せず、妥協せず」の「三不政策」を維持しながら、民間の経済交流を緩和する方針を決定した。具体的には、香港経由での中国との間接貿易を本格的に認め、まずは七月、石炭、綿花、鉄鋼などの原材料や工業製品の輸入を解禁した。翌月には①国家の安全を損なわない、②域内産業に悪影響を及ぼさない、③台湾産業の輸出競争力向上に資する――の三原則の下、農工業原料五〇品目についての輸入を許可した。輸入許可品目はその後も拡大していき、一九九〇年には台湾企業の対中間接輸出も解禁した（石田浩『〔第2版〕台湾経済の構造と展開』大月書店）。

中国は投資でも台湾企業を優遇

経済再建を急ぐ中国政府は、台湾の資本と技術を導入しやすくするため、投資面でも台湾企業を優遇する方針を掲げ、法律や制度の整備に取り掛かった。中国政府が一九八〇年に設置した四カ所の経済特区のうち、アモイは対岸の台湾からの投資を当て込んだものだったが、一九八三年には「台湾同胞の経済特区への投資優遇法」を制定し、税制面などでの優遇策を明確にした。その後、他の省や都市でも同様の台湾企業向け優遇策を取り入れるようになった。

一九八八年に公布した「台湾同胞の投資を奨励する規定」は、改革・開放政策開始以来進めてきた対台湾優遇措置を包括した内容だった。これにより、台湾企業は外国企業より広範囲の分野に投資でき、一般の中国と外国との合弁企業では中国側が占めることになっていた会長ポストに台湾人が就くことも可能になった。また、企業の株式や債権、不動産への投資も認められるなど、台湾企業は他の外国企業に比べ、多くの特権が与えられた。

これに対し、台湾政府は一九九〇年一〇月、「対大陸地区間接投資と技術提携管理弁法」を公布し、翌一九九一年から第三国・地域経由の対中間接投資と技術提携を解禁した。これも実態としては現状追認に過ぎなかったが、対中間接投資を合法化する一方で、台湾企業の対中投資を当局が管理する意図もあった。さらに、立法院は一九九二年、「両岸人民関係条例」を制定し、台湾企業の対中間接貿易や対中間接投資の法的根拠を定めた。

2. したたかな台湾企業

解禁前から行われていた対中貿易

中台経済交流の歴史をたどると、政治的には相いれない立場にありながら、経済的には緊密に交流し、互いに飛躍のバネにしてきた現実主義的な側面が浮き彫りになる。政経分離方式と言ってもいい。中国当局が優遇措置で台湾企業を誘い、台湾企業がそれに応じる。台湾当局は一定の規模になると解禁して現状を追認する。結果的に、中国側は台湾の資本と技術を取り込んで経済発展を成し遂げ、台湾側は中国の安価で豊富な労働力を利用して国際競争力を高めるというウィンウィンの関係を築いてきたのである。

だが、最もしたたかなのは台湾企業だろう。そもそも、台湾当局が対中間接貿易を承認したのは一九八七年、対中間接投資を認めたのは一九九一年なのだから、本来、それ以前は対中貿易・投資とも違法であり、行われたとしても細々としたものであったはずだ。

それにもかかわらず、香港税関統計処のデータによると、台湾の香港経由の対中貿易は、中国が実質的に改革・開放政策に着手した一九七九年は輸出二一五〇万米ドル、輸入五六三〇万米ドル、貿易総額七七八〇万米ドルに過ぎなかったのが、翌一九八〇年には輸出二億三五〇〇万米ドル、輸入七六〇〇万米ドル、貿易総額三億一一〇〇万米ドルと約四倍に拡大している。対中間接貿易が解禁された一九八七年は、輸出一二億二七〇〇万米ドル、輸入二億八九〇〇万米ドル、貿易総額一五億一六〇〇万米ドルで、一九八〇年の五倍近くに増えている。台湾企業は、規制をかいくぐって対中貿易に励んできたのである。

水面下の対中投資が表面化

台湾企業の対中投資では、もっとあけすけな例がある。経済部の資料では、台湾企業の対中投資は「一九九一年以前を含む」という注釈付きで、対中間接投資が解禁された一九九一年が二三七件、一億七四一六万米ドルと記されている。ところが、一九九三年には、九三二九件、三一億六八四二万米ドルに急増するのである。これは、同年三月、政府が「在大陸地区投資技術合作弁法」を公布し、以前に認可を受けずに対中投資した企業に対して、三カ月以内に追加の認可申請を義務付け、違反者には罰金を科すようになったためだ（『台湾経済の構造と展開』）。

一九九三年の対中投資のうち、八〇六七件、二〇憶二八〇五万米ドルは認可を受けずに中国に進出していたケースで、水面下に隠れていた実態が表面化したわけだ。これらの投資は一件当たり約二五万米ドルに過ぎず、中小企業が主体だったことを物語っている。外省人が牛耳る公営の大企業と違って、本省人が経営する中小企業はほとんど政府の保護を受けることができなかった。中小企業側も政府を信用していなかった。だから、生き残っていくためには、違法行為もいとわなかったのである。

タックスヘイブンを利用

それでは、台湾企業はどのようにして規制の網をくぐり抜け、対中貿易や投資を行ってきたのだろうか。

代表的な手法が、英領のバージン諸島、ケイマン諸島など中南米のタックスヘイブン（租税回避地）経由の迂回投資である。例えば、台湾企業の一九五二年から二〇〇一年までの累積対外投資のうち、対英領中南米向けは一二〇二件、一〇八億八四一〇万米ドルで、全体の二一・二％を占めている。これは、対中国向けの三八・八％に次ぐ（台湾経済部統計）。タックスヘイブン向け投資のほとんどは中国に迂回融資されたとみられる。

それを端的に表すのが、台湾企業の対中投資について、台湾側統計と中国側統計に大きな誤差があることである。投資受け入れ国である中国が発表した統計によると、二〇〇三年までの台湾からの累積投資は六万一八六件、契約額七〇〇億三〇〇〇万米ドルに上る。ところが、投資送り出し側の台湾の統計では、三万一一五一件、契約額三四三億一〇〇〇万米ドルと半減してしまう。

その理由は、台湾の統計は経済部が正式認可したものに限られ、タックスヘイブン経由などの迂回投資分は含まれていないからだ。中国の統計の方が実態に近いとみられるが、中国の統計も台湾資本が身分を明らかにしなければカウントされず、実際より少なくなる傾向が強い。香港やシンガポール、日本、米国などからの対中投資の中には、台湾企業による投資が数多く含まれているという（朱炎『台湾企業に学ぶものが中国を制す』東洋経済新報社）。

3. 台湾歴代政権の対中経済対策

李登輝の「戒急用忍」政策

このようにして、一九九〇年代に入り、台湾企業の対中投資は急速に進んだ。「台湾海峡ミサイル危機」から半年も過ぎていない一九九六年夏には、台湾プラスチックが福建省漳州で、食品大手・統一集団が湖北省武漢で、それぞれ大型の火力発電所建設に投資する計画を発表するなど、大企業による対中投資に弾みがついてきた。

一方で、台湾では、経済面で中国に過度に依存することの安全保障上の危険性や台湾の産業空洞化を懸念する声が高まってきた。そこで国民党の李登輝政権が一九九六年に打ち出したのが「戒急用忍（急がず、忍耐強く）」と呼ばれる対中経済政策である。台湾企業の対中投資について、一件当たり五〇〇〇万米ドルを上限とし、ダムや発電所、高速道路などの公共インフラ整備や半導体などハイテク産業などへの投資を禁じた。

これによって、台湾プラスチックと統一集団は計画の撤回を表明した。しかし、台湾プラスチック創業者の王永慶は李登輝政権の政策に不満だった。米国子会社を通じて投資し、福建省漳州に火力発電所を建設したのである。総投資額は三〇億米ドル余りと、台湾企業の対中投資では飛び抜けて大規模な事業だったが、当初は赤字が続き、王はプロジェクトの失敗を認める発言をしている。

陳水扁の「積極開放、有効管理」政策

二〇〇〇年に発足した民進党の陳水扁政権は、独立色の濃い政策を次々と打ち出したため、中国が交流窓口機関の対話を停止するなど、政治的には対立状態が続いた。だが、経済的には、総統の諮問機関である経済発展諮問委員会の答申を受けて二〇〇一年一一月、「積極開放、有効管理」と名付けた新しい対中経済政策をスタートさせ、台湾企業の対中投資の規制を大幅に緩和した。

具体的には、①五〇〇〇万米ドルの対中投資額上限の撤廃、②対中直接貿易と投資の解禁、③中台の銀行による直接為替取引の解禁――などである。「有効管理」の仕組みとしては、投資解禁分野については行政や業界代表から成る検討委員会が審査するとともに、二〇〇〇万米ドル以上の対中投資は個別審査することに決めた。そして、検討委員会が審査した結果、それまで禁じられていたノートパソコン、携帯電話、液晶パネル、半導体などハイテク分野の投資が認められるようになった。

李登輝政権の「戒急用忍」から「積極開放、有効管理」に代わったことで、台湾企業の対中投資は加速した。当時、台湾企業が中国に吸い寄せられるように移転する様子を、「黒洞効応（ブラックホール効果）」や「吸磁効応」などと呼ぶ言葉がはやったほどだ。あまりの過熱ぶりに、陳水扁は二〇〇六年になって、「積極開放、有効管理」から「積極管理、有効開放」に変更して規制強化に戻る考えを表明したが、台湾企業の対中投資の勢いは止まらなかった。

馬英九政権でさらに中台経済交流が進む

二〇〇八年からスタートした国民党の馬英九政権が、中台直行便の開設をはじめとした「三通」の解禁や台湾人観光客の受け入れ、中国企業の対台湾投資の承認や中台ＦＴＡに当たるＥＣＦＡの締結など中台融和路線を積極的に進め、経済交流が一段と活発化したことは、第Ⅲ章で既に述べた。この結果を数字で確認しておこう。

中台貿易総額は、馬英九政権が年間を通してフル稼働する二年目の二〇〇九年の七九四億米ドル（輸出五四八億米ドル、輸入二四六億米ドル）から退任前年の二〇一五年には貿易総額一一八七億米ドル（輸出七三四億米ドル、輸入四五三億米ドル）と、一・五倍に拡大している。二〇一四年は貿易総額一三四〇億米ドル（輸出八四七億米ドル、輸入四九三億米ドル）で、馬の任期中では最多だった（台湾税関統計）。

台湾企業の対中投資は、二〇〇九年には七一億米ドルだったが、二〇一五年は一一〇億米ドルに膨らんでいる。二〇一〇年には、馬英九の任期中で最高額となる一四六億米ドルを記録した。一方、中国企業の対台湾投資は、二〇一〇年の九四三五万米ドルから、二〇一五年には二億四四〇六万米ドルと倍増している（台湾経済部統計）。

中台間の人の行き来も頻繁になった。台湾から中国を訪れる人は二〇〇九年には四四八万人だったが、二〇一五年には五五〇万人と一〇〇万人以上増えている。中国から台湾を訪れる人は、二〇〇九年の一〇六万人から二〇一五年には四一四万人と、四倍増となっている（中国国家旅遊局、台湾内政部統計）。

Ⅶ　蔡英文が対峙する「中国」

一　中国と距離を置く政策

1.「九二年コンセンサス」を認めず

中国が受け入れを迫る

最終章となるこの章では、二〇一六年に台湾総統に就任した蔡英文の「中国観」に焦点を当て、その内容や培われた経緯について見ていこう。

蔡英文新政権スタートに当たって最も注目されたのは、中台関係の行方だった。二〇一六年一月の総統選挙で圧勝した蔡は「現状維持」を掲げ、中国を挑発しないと宣言していたが、中国は「一つの中国」の原則を前提とした中台間の「九二年コンセンサス」が交流の基礎であるとして、強く受け入れを迫っていた。

習近平は三月五日に開かれた全人代の上海代表団との座談会で、対台湾政策について「台湾政局が変化しても、変わることはない」と明言し、「『九二年コンセンサス』は両岸関係の平和発展の鍵だ」と強調した。李克強も三月一六日の全人代閉幕記者会見で、「九二年コンセンサス」を堅持することが中台の政治的基礎であり、これを認めさえすれば、「台湾とどのような問題も話し合うことができる」と誘いをかけた。さらに、『人民日報』は五月五日、「『九二年コンセンサス』を認めなければ、両岸の政治的基礎は崩れる」と警告する社説を掲載し、念を押した。

台湾総統選挙の投票日前日に開かれた蔡英文陣営の総決起集会（2016年1月15日、台北市の総統府前にて）

これに対し、民進党は「一つの中国」の原則を認めておらず、「九二年コンセンサス」も双方の主張に違いがあるとして、存在そのものを否定している。それだけに、蔡英文が総統就任演説でどのように言及するかが焦点となった。

就任演説で善意を示す

二〇一六年五月二〇日昼ごろ、蔡英文は総統府で朝から行われた総統就任式の最後を締めくくる演説を約三〇分間にわたって行った。白のジャケットに黒っぽいスラックスというういつもながらの簡素ないでたちで、淡々とした口調も相変わらずだったが、演説の内容は練りに練った様子がうかがえた。

「一九九二年に両岸の交流窓口機関が『合意できる点を探り、立場の異なる部分は棚上げする』という政治的考え方を堅持して話し合い、若干の共通の認知と理解に達した。私はこの歴史的事実を尊重する。一九九二年以降二〇年余りの交流と協議の積み重ねで形成された現状と成果を、両岸はともに大切にして守っていかなければならない」

これが蔡英文の中国に対する「回答」だった。「共通の認知と理解」に「一つの中国」が含まれるかどうかは明言を避けたが、民進党の立場からして、許容できるぎりぎりの表現だった。

また、蔡英文は「中華民国憲法に従って、両岸業務を進める」とも表明した。国民党政権がまだ中国大陸にあった一九四六年に制定された憲法は「一つの中国」を前提にしており、蔡が間接的に「一つの中国」を容認したと解釈できる余地を中国に与えた形だ。さらに、蔡は中台対話について「現行メカニズムの維持に努める」として、馬英九前政権で始まった当局間の協議を引き継ぐ考えを示した。こうした蔡の演説について、台湾では「過去の発言と比べて（中国に）かなりの善意を見せたと言える」（董立文《とうりつぶん》・中央警察大学教授、『朝日新聞』二〇一六年五月二一日朝刊）との見方が大勢を占めた。

中国は厳しい反応

しかし、中国の反応は厳しかった。蔡英文の演説に対して、国台弁がすぐに声明を発表し、「双方が若干の共通の認知に達したことを取り上げ、憲法に従って両岸業務を進めると述べた点に注目する」と一応の配慮は見せたものの、「根本的な問題では曖昧な態度で、両岸関係の発展に具体的な提案もない。これでは未完成の答案だ」と非難した。翌日にも、国台弁の馬暁光報道官が、蔡政権が「一つの中国」の原則を受け入れない限り、「当局間の直接対話メカニズムは継続できない」と通告した。六月二五日には、国台弁の安峰山報道官が、「(蔡政権が)『一つの中国』の原則という共通の政治的基礎を認めていないので、両岸の対話メカニズムは既に止まっている」とわざわざ公言し、「責任は完全に台湾側にある」と突き放した。

蔡英文政権は八月三一日、政権発足後も空席が続いていた対中交流窓口機関・海基会の理事長に、民進党の陳水扁政権で外交部長を務めた田弘茂《でんこうも》を起用すると発表した。九月一二日に就任した田は、中台間の膠着状態の打開に意欲を示したが、その後も対話再開のめどは立っていない。

2. 中国の報復措置

中国人観光客が急減

蔡英文の総統就任後、顕著なのは、台湾を訪れる中国人観光客の急減だ。一〜四月の中国人客は計一四九万八七〇〇人で、前年同期に比べ一〇・七%増だったが、蔡が就任した五月は三二万四三八四人で前年同月比一二・三%減となり、二〇一七年三月まで一一カ月連続で前年同月比五〇・一〜一二・〇%の大幅減となっている（台湾内政部統計）。中国当局が蔡の総統就任前から、中国人観光客が台湾を訪問するのに必要な書類の発給を遅らせていたことを、台湾当局が明らかにしていた。それだけでなく、旅行会社に「台湾への観光ツアーを減らせ」との指示も出していたという（『産経新聞』電子版、二〇一六年六月二七日）。

台湾を訪れる中国人客は二〇一五年には年間四〇〇〇万人を超え、海外からの観光客の四割を占める「お得意様」だった。蔡英文政権は、二〇一六年は年間で前年より約六五万人減少し、観光収入は三六〇億台湾ドル（約一三三〇億円）のマイナスになるとの予想を発表したため、観光業界に動揺が広がった（実際は約六七万人、一六・二%減）。九月一二日には、旅行会社や宿泊施設、ガイドなど観光関連一一団体が台北市内でデモを行い、一万人以上が参加して窮状を訴え、政府に救済を求めた。

九月一四日の記者会見で、このデモについて問われた中国国台弁の馬暁光報道官は「中国大陸からの観光客の減少は、台湾当局が『九二年コンセンサス』を認めないことによって両岸が受けている損失の一つだ。問題を引き起こした本人が、その問題を解決すべきだ」と、改めて蔡英文政権に「九二年コンセンサス」の受け入れを求めた。

農漁産品買い付けを取りやめ

中国は、台湾の農漁産品の購入を取りやめる手にも出た。二〇一五年まで毎年、台湾南部・台南市の漁協から養殖魚を買い付けていた中国の水産会社が、二〇一六年は契約を結ばなかった。二〇一一年から始まった過去五年間の買い付け総額は計約七億台湾ドルに上る大口とあって、漁民には大きな痛手となった。漁民らは、買い付け中止は蔡英文政権に対する中国の牽制と受け止め、陳情団を中国に派遣しようとした。だが、台南市政府が「政治的な内容が含まれる」と禁じたため、同政府に向けた抗議活動を繰り広げた（『中国時報』電子版、二〇一六年八月六日）。

台湾の農漁産品に対する中国の優遇措置は国民党と連携して始めたもので、これによって恩恵を受ける農家や漁業者は、民進党の地盤である南部に多いことから、民進党の支持基盤を切り崩し、国民党を支援する狙いもあることは第Ⅲ章で述べた。その一方で、九月には、兪正声・政協主席が国民党系の八県市の首長らで構成する訪中団と会談し、農漁産品の購入や観光促進などの優遇措置を約束するなど、台湾社会の分断策も進めている。

観光客の減少や農漁産品の購入停止などは、やはり関係業界にとっては手痛い打撃となる。知人の台湾の外交官は「各企業や業者に与えるダメージは大きく、台湾経済全体にも、ボディーブローのようにじわりと効いてくるだろう」と懸念を隠さなかった。

台湾の国際機関参加を阻止

中国は台湾に対して、経済的な圧力だけでなく政治的な圧力も加えている。蔡英文の総統就任前から揺さぶりをかけてきており、二〇一三年に台湾と断交していた西アフリカのガンビアと二〇一六年三月、国交を回復した。四月には、詐欺事件でケニアやマレーシアで検挙された台湾人が中国に強制的に移送された。五月にＷＨＯ事務局から台湾に送られた年次総会への参加招請状には、「一つの中国」の原則を強調する内容が盛り込まれていた。いずれも中国の圧力によるものとみられている。

蔡英文の総統就任後も中国は手加減しなかった。カナダで九月下旬に開催された国連の専門機関、国際民間航空機関（ＩＣＡＯ）総会への台湾の参加が認められず、蔡はＩＣＡＯに対し、「航空安全の重大な損失で、誤った決定だ」として、「強い遺憾と不満」を表明した。大陸委員会は「中国の政治的な関与によるものだ」と批判している（『毎日新聞』二〇一六年九月二四日朝刊）。

ＩＣＡＯは航空の安全確保のためのルールや管制に関する基準などを決める機関で、三年に一度総会を開く。中台融和路線の馬英九政権だった前回二〇一三年の総会は、一九七一年の国連脱退後初めて「中華台北」の名義で特別ゲストとして参加している。中国外務省の陸慷《りくこう》報道局長は、「台湾は中国の一つの省に過ぎず、この行事に参加する権利を当然持っていない」とにべも無かった（『日本経済新聞』二〇一六年九月二四日朝刊）。

一一月初旬にインドネシアで開かれた国際刑事警察機構（ＩＣＰＯ）総会へのオブザーバー参加も認められず、総統府はまたしても「遺憾と不満」を表明した。台湾は一九八四年、中国の加盟を機にＩＣＰＯを脱退したが、最近は国際犯罪への対応に迫られており、オブザーバー参加の道を探っていた。米国からは支持を得ていただけに、これも中国の圧力によるものではあることは明白だ。二〇一七年五月のＷＨＯ年次総会も招請状が届かず、台湾は出席できなかった。大陸委員会は「中国が政治的理由でＷＨＯに圧力をかけ、出席を妨害した」との抗議声明を発表したが、中国による国際機関への参加阻止の動きに対し、台湾は有効な対抗手段を持ち合わせていないのが現実だ。この他、第V章で紹介したように、中国は台湾と外交関係を持つ国の切り崩しや、台湾企業に対する締め付け強化などの手も繰り出している。

3. 始動した新政権

前政権の中国寄りの路線を転換

一方、蔡英文政権は二〇一六年五月二〇日の始動直後から、立て続けに馬英九政権の中国寄りの路線を転換する政策に踏み切り、中国と距離を置く姿勢を鮮明にした。二〇一四年に中台サービス貿易協定に反対する学生らが起こした抗議活動「ひまわり学生運動」で、馬政権は参加者一二六人を行政院の庁舎に不法侵入した容疑で刑事告訴していたが、蔡政権は「告訴は政治的だった」として取り下げた。

沖ノ鳥島周辺海域で二〇一六年四月、台湾の漁船が日本の海上保安庁に拿捕された事件を巡って、馬英九政権は中国と足並みをそろえ、「沖ノ鳥島は『島』ではなく『岩』で、日本は排他的経済水域（ＥＥＺ）を設定できず、拿捕は違法」と主張していたが、蔡英文政権は撤回し、日本と漁業問題などを話し合う「日台海洋協力対話」の開催を決めた。

馬英九が香港で六月に中台関係に関する講演をするため出していた渡航申請について

も、蔡英文政権は「退任から一カ月もたたず、機密保護が困難」として許可しなかった。馬側は「台湾の自由と民主主義のイメージを損なう」との抗議声明を発表し、与野党対立激化の一因となった。

誤算だった仲裁裁判所判決

逆に、国際社会とは離反し、中国と立場が一致するセンシティブな問題もあった。南シナ海を巡るオランダ・ハーグの仲裁裁判所の判決が七月一二日、台湾が実効支配する南沙諸島の太平島を「島」ではなく「岩」だと認定したことである。この裁判は、フィリピンが南シナ海における中国の主権主張は違法だとして申し立てたものだが、判決は「南沙諸島で満水時も冠水しない全ての地形は法的に『岩』だ」と指摘した。台湾は太平島に一〇〇〇メートル級の滑走路を建設し、海岸巡防署（海上保安庁）の職員が常駐しているが、判決に従うと、太平島にはEEZや大陸棚を設定できないことになる。

判決が太平島の形状認定にまで踏み込んだのは、蔡英文政権には誤算だったようだ。総統府は当日、「判決は絶対に受け入れられない」との声明を発表し、翌日には慌ただしく太平島周辺海域に海軍のフリゲート艦を派遣した。蔡は出発前に乗船して行った訓示で、「南シナ海諸島と関連海域における我が国の権利を大きく損なった」と判決に抗議して見せた。領土問題だけにナショナリズムを刺激されて台湾の世論は硬化し、七月二〇日には、立法院の外交・国防委員会に所属する与野党の立法委員ら八人が軍用機で太平島を視察した。

ただ、判決を巡っては、日米などが中国に受け入れを迫り、中国が激しく反発する状況が続いただけに、中国と距離を置き、日米やＡＳＥＡＮとの関係を強化したい蔡英文政権は微妙な立場に立たされた。国際社会との協調にも配慮しなければならず、身動きが取りにくい状態だったが、台湾では「無策」「弱腰」との批判が高まった。

「日台海洋協力対話」にも影響

この判決に関連して、七月二八日に開催される予定だった「日台海洋協力対話」を台湾側が直前になってキャンセルするハプニングもあった。

太平島が「岩」と認定されたことで、台湾では「太平島が『島』ではないと言うなら、はるかに小さい沖ノ鳥島が『島』であるはずがない」（拿捕された漁船が所属する屏東琉球区漁会の蔡宝興《さいほうこう》・総幹事、『中国時報』電子版、二〇一六年七月一三日）として、漁船拿捕について改めて日本側に謝罪と賠償を求める声が上がった。世論を意識して、国民党の立法委員らも「日台海洋協力対話」で沖ノ鳥島問題を取り上げるよう要求した。「日台海洋協力対話」の議題は漁業問題だけでなく、環境保護や科学研究、海難救助など広範囲にわたるが、蔡英文政権はこのままでは冷静な話し合いができないと判断し、二日前に急遽日本側に延期を申し入れた。総統府は「もう少し準備の時間が必要だ」と説明したが、新たな日程はすぐには決められず、苦しい立場を露呈することになった。

その後、双方で調整した結果、「日台海洋協力対話」の初会合は一〇月三一日に東京で開かれた。この日の会合では、沖ノ鳥島沖のＥＥＺ内で台湾漁船の操業を日本側が認めるかどうかなどについて二つの作業部会を設置し、会合は原則年一回開催することで合意した。蔡英文政権は世論を意識しながら、日本側と妥協点を探っていく難しい作業を迫られている。

二　交渉団メンバーの経験

1. 国際法との出会い

恵まれた家庭で米国に留学

政治とは縁のない一般家庭で生まれ育った蔡英文が総統に上り詰めるまでには、いくつかの人生のステージがある。その第一歩が、大学で国際法を専門に学んだことだ。張瀞文『蔡英文』や蔡の自伝『洋蔥炒蛋到小英便當』（圓神出版社、邦訳『蔡英文自伝』白水社）を参考に、その辺りの経緯を追ってみよう。

蔡英文は一九五六年八月三一日、台北市で生まれた。父の蔡潔生《さいけつせい》は南部・屏東県出身の客家系本省人で、台北に出て自動車修理・販売業から不動産業などに事業を拡大し、家庭は裕福だった。母の張金鳳《ちょうきんほう》は福佬人、父方の祖母は先住民族パイワン族で、彼女には四つの「族群」のうち三つの血が流れている。当時の台湾では、成功した男性実業家が複数の妻を持つことは珍しくなく、蔡潔生もその例に漏れなかった。張は四番目の妻で、彼女は一一人兄弟姉妹の末っ子として育った。

高校時代の途中までは成績は平凡だったが、進学が近付くにつれて成績は上がり、台湾一の名門、台湾大学の法学部に入学する。卒業後、米コーネル大学修士課程に進み、国際法を学んだ。コーネル大学で、蔡英文が台湾出身と知った教授が「君たちは将来、中国とどうやっていくつもりなのか」と尋ねたことがあった。頭が真っ白になって答えに窮する蔡に、教授は「この問題に、これだという答えはない。時間をかけて考えればいい」と説いた。

その時代の台湾では、国民党教育によって、誰もが「自分は中国人」であり、大陸に反攻して統一するのが当然だと思い込んでいた。蔡英文もその一人だったが、教授に質問されたことで、台湾はどのような道を歩むべきなのか、真剣に考えてこなかったことに気付いた。蔡は自伝で、「米国に来て民主の洗礼を受けたことで、ようやく自らの国家アイデンティティーを確立することができた」と振り返っている。

英国で博士号を取得

蔡英文はコーネル大学で修士課程を終えた後、英ロンドン大学経済政治学院（ＬＳＥ）の博士課程に移った。実は、蔡は台湾大学を卒業してすぐにＬＳＥに進みたいと思っていた。しかし、ＬＳＥは左派の影響が強く、誰かから「あそこは共産党員が行く学校だ」と吹き込まれた父が反対したため、まずはコーネル大学に入ることにしたのだった。

厳しい授業の連続だったコーネル大学に比べ、ＬＳＥは必修科目もなく、学生が自分で計画を立てて研究を進め、指導教授は必要に応じてアドバイスをするだけという自由な学風だった。蔡英文は経済のグローバル化が生み出す分配の問題に関心を持つようになった。ＬＳＥでは、専攻が異なる学生の交流も盛んだった。宿舎では、さまざまな専攻の学生が集まっては天下国家を論じ、法律系の学生も経済やその他の社会科学分野についても自然と理解を深めていった。

そうした生活を送る中で選んだ博士論文のテーマは、「変動期の世界における不公平な貿易措置と国内市場のためのセーフガード」だった。国際組織や国際法がグローバルな問題にいかに対処していくか研究するものだったが、この頃、欧米でさえこうしたテーマへの取り組みは始まったばかりで、台湾ではまだ誰も手を付けていなかった。

口頭試問の際には、六歳上の姉が台湾からやって来て、蔡英文の身の回りの世話をした。口頭試問は順調にいったが、判定通知まで長い時間待たされた。ようやく部屋に招き入れられた蔡に対し、判定委員会の教授は時間がかかった理由について「博士号授与自体は問題なかったんだが、博士号を一つにするか二つにするか議論していたんだよ」と説明した。結局、法学博士号に「国際貿易についても深い学術的背景を有する」と付記された。これは、一つの法学博士号と半分の国際貿易学博士号に相当するものだった。

大学教員として歩み出す

ＬＳＥで法学博士号を取得した蔡英文には、英国やシンガポールの大学から教職の口がかかったが、父の求めもあって一九八四年に台湾に戻り、政治大学法学部の副教授として教鞭を執るようになった。当時二七歳の蔡がブラウスにジーパン姿でキャンパスを歩いていると、まるで学生のようだった。自伝にも「ある博士課程の学生は、私よりよほど教員らしく見えた」と書いている。だが、台湾では数少ない国際法の専門家として、有力紙に対米貿易交渉や貿易自由化について論評を書くなど目立った存在でもあった。

一九八六年、蔡英文の人生の第二ステージが幕を開ける。友人が大学を訪ね、蔡に経済部国際貿易局の顧問を代わってほしいと頼んできたのだ。これを引き受けたことで、国際貿易交渉の世界に足を踏み入れることになる。

台湾は国民党政権の開発独裁の下、一九七〇年代にそれまでの労働集約型産業から重化学工業中心に産業構造を転換した。さらに、一九八〇年代は、ＩＴ産業を主体として産業高度化を図ろうとしていた。政府が主導する輸出志向工業化で発展してきた台湾経済は、一九七〇年代平均で一〇・二%、一九八〇年代平均で八・一%と高度成長を遂げ、「アジアの優等生」と称賛された。

その一方で、対米黒字が膨れ上がり、米国から市場開放を迫られていた。だが、台湾は関税貿易一般協定（ＧＡＴＴ）に加盟しておらず、米国以外に輸出先を広げようとしても、高い関税をかけられてしまう。一九七一年に国連を脱退して以降、日米など主要国との断交が相次ぎ、国際社会で孤立していた台湾にとっては、ＧＡＴＴ加盟はその存在を世界にアピールする意味もあり、最優先課題となった。

2. WTO加盟で重要な役割を果たす

法律顧問団の座長を務める

台湾は一九八九年からGATT加盟申請の準備に取り掛かった。これに対し、やはりGATT未加盟の中国は強く反対した。一九九〇年一月一日に台湾は加盟申請したが、普通ならGATT事務局に申請書を提出すればすむところを、同時にGATTに加盟する主要国にも写しを送付するなど、細心の注意を払った。一月一日に申請したのは、新年休暇で中国の警戒が緩むと考えたからだった（江丙坤『日台の架け橋として』日本工業新聞社）。

中国は台湾の申請後も、却下を求める書簡をGATT事務局に提出するなど妨害工作を続けた。ようやく一九九二年になって、台湾のオブザーバー加盟が認められ、正式加盟を審査する作業部会が設置された。GATTは一九九四年にウルグアイ・ラウンドが終結し、一九九五年一月一日から非関税障壁やサービス貿易などより幅広い分野を扱うWTOとして新たにスタートした。

いよいよ台湾が待ちに待ったWTO加盟交渉が始まったのだが、作業は膨大で煩雑を極めた。台湾が提出した「貿易体制に関する覚書」に対して一〇〇以上の国から四七五件もの質問書が出され、一つ一つ回答しなければならない。台湾が答えると、さらに多くの質問が寄せられ、全部で数千件にも及んだ。回答には法的整合性が必要で、複数にまたがる政府機関の意見の擦り合わせも欠かせなかった。

ところが、当時の台湾には、国際貿易や国際法に明るい人材が不足していた。必然的に蔡英文は重要な役割を担うようになる。交渉が始まると、経済部国際貿易局の顧問が蔡一人では回っていかなくなり、蔡の推薦する人物を集めて貿易交渉法律顧問団が新設され、蔡が座長を務めた。法律顧問団が各政府機関から上がってくる回答を突き合わせて整理し、蔡が調整した上でWTO事務局に届けるという手順で作業が進められた。法律顧問団が残した数千ページにもわたるチェックリストは、WTO事務局員に「プロのコンサルタント会社を開業できる」と絶賛されたほどのレベルだった。

交渉団の総顧問としても活躍

蔡英文は「裏方」の法律顧問団で中心的な働きをしただけでなく、交渉団の総顧問も兼ね、「表舞台」でも活躍した。交渉の席に出れば参謀役を演じ、交渉が終われば双方が合意した事項を記す会議記録を書いた。会議記録は法律用語が並ぶので、たった一字の違いが法律上大きな違いになることがあり、用語や言い回しには細心の注意を払わなければならない。米国との交渉で、会議記録が米国主導で作成されたため、台湾に不利な条件を押し付けられたことがあった。その反省から、その後は全て蔡が担当するようになった。

交渉団長の許柯生《きょかせい》・経済部次官の演説原稿も蔡英文が執筆した。法律的に問題のない用語を使わなければならない演説原稿を、限られた時間の中で書き上げるのは大変な作業だった。蔡は「深夜まで仕事をし、翌朝九時には会議に出席したことがよくあった」と振り返っている（『蔡英文』）。会議開始直前になって、ようやく許が演説原稿を手にするのはいつものことで、演説が始まろうとしている時にも蔡が原稿に手を入れることさえあった。それでも許は一旦演説を始めると詰まることはなく、すらすらと原稿を読み終えるのだった。蔡は今でもスイス・ジュネーブで徹夜して演説原稿を書いた時の情景がありありと目に浮かび、その度に許のことを思い出すという。

演説原稿をぎりぎりまでチェックする蔡英文のスタイルは現在も変わらない。総統選挙候補者として二〇一五年六月に訪米し、ワシントンのシンクタンク、戦略国際問題研究所（CSIS）で演説する際、既に台湾で十数回にわたって原稿を修正していたにもかかわらず、前夜から当日演説が始まる直前まで手直ししている。これについて、蔡は「まだ時間があるなら一〇〇点を取りたい、九〇点では絶対に満足できない性格」と自己分析している（蔡英文『英派』圓神出版社、邦訳『蔡英文　新時代の台湾へ』白水社）。

国際交渉で学んだこと

台湾は二〇〇二年一月一日、中国より一カ月遅れてＷＴＯに正式加盟した。蔡英文は一〇年にも及ぶ加盟交渉に参加したことで、さまざまなことを学んだ。それらは、蔡が後に政治家や指導者になるに当たって、大きな力となる。

まず、交渉を通じて、台湾経済の実態と台湾が国際社会で置かれた現状を、身を持って知ることができた。巨大で細分化された政府組織に属する官僚だと、通常は自分の業務範囲内のことしか分からない。しかし、蔡英文は顧問という立場だったため、全体状況を知ることができ、結果を総統に報告したり、提案をしたりすることもあった。交渉は行政院の半分以上の部署が関わり、多くの官僚や職員と知り合いになって人脈を築いた。利害が衝突しやすい省庁間の調整のこつも体得した。

国際交渉の冷徹な現実も知った。米国との交渉で、米国政府が自国の農民に補助金を支給する計画を立てていることが分かり、蔡英文が「米国が農業補助金を出すなら、台湾もそうしたい」と主張すると、米国側から「それは国際協議違反になる」と言われたことがあった。納得できない蔡がＷＴＯ加盟交渉の座長に「なぜ米国にできて、台湾にできないのか」と不服を申し立てると、経験豊かな座長は「ここは私の言う通りにしなければならないところだ」とはねつけた。国際交渉の場では、国力がものを言うのだ。

こうした経験を通して、蔡英文は自伝で「交渉で学んだ重要な原則の一つは、絶対に相手から圧力を受けている中で決定を下してはいけないということだ。このような状況で下す決定は誤りやすい。しかも、相手は圧力をかけるといい結果が得られると分かると、ずっと圧力をかけ続けてくる」と述懐している。交渉での経験は、蔡の挙動にも影響を与えるようになった。交渉では相手に顔色を読み取られると不利になるので、無表情を装うのが習慣になった。それが現在も直らず、自伝で「職業病のようなものだ」と説明している。

3. 中国と相まみえる

海基会訪中団に参加

台湾のＷＴＯ加盟に大きな貢献をしたことで、蔡英文に新たな任務が与えられることになった。対中交流窓口機関である海基会の訪中団メンバーに選ばれたのである。一行は一九九八年一〇月、上海と北京を訪れ、海基会の辜振甫理事長が中国側の交流窓口機関・海協会の汪道涵会長、江沢民国家主席とそれぞれ会談することになっていた。海基会と海協会のトップ会談は一九九三年以来五年ぶりだった。

蔡英文が訪中団に加わったのは、李登輝総統が国際交渉での蔡の働きに注目していたからだ。李は将来に向け、蔡に中国を観察する機会を与えようと考えたのである。

政治大学教授として参加した蔡英文の主な仕事は、辜振甫の英語通訳だった。訪中団は、国際社会に中台は対等であると印象付けるため、記者会見は必ず英語に訳し、外国メディアの目を引き付けようとした。蔡はその期待に応え、よどみない同時通訳や気配りの利いた応対ぶりで、メディアの評判もよかった。蔡にとっては、大きな責任を負い、神経が休まる暇がなかったWTO加盟交渉に比べると、心理的な負担は小さかった。

国際交渉で世界を駆け回ってきた蔡英文も、中国の土を踏むのはこれが初めてだった。上海に着いた第一印象は「何でも大きい」というものだったが、北京に移ると、空港から市中心部に至る道路は広く、高い街路樹が並んでおり、「歴史ある国で、大国の首都としての雰囲気がある」と感じた。それとともに、道路の渋滞がひどく、宿舎の釣魚台迎賓館に着くのに長い時間がかかったのを覚えている。

部屋は盗聴されていた

初めて経験した中国で、蔡英文が今も忘れられないエピソードがある。一行は宿舎として釣魚台迎賓館の一棟を丸ごとあてがわれ、専用の料理人も付いていた。主賓の辜振甫には、内装が最も優雅で、広い会議室も備えた部屋が割り当てられた。団員はそれぞれ自室に荷物を置いた後、宰の部屋に集まった。室内を見学したメンバーが「この部屋は素晴らしいですね」と褒め上げていると、宰が「一つ惜しいことに、古いからなのか、枕元の目覚まし時計の時間が狂っているんだ」と残念がった。

空腹を覚えた一行が階下のレストランで食事を取り、自室に戻ると、普段は穏やかな宰振甫が大声を上げるのが聞こえた。団員が駆け付けて、「どうしたのですか」と問うと、宰は目覚まし時計を指さし、「勝手に正しい時間になっている」と気味悪がった。その場にいたメンバーはすぐに事情をのみ込んだ。中国では、交渉相手の部屋を盗聴するのは、よくあることだったのである。

蔡英文は「部屋を出ると、誰かが室内の整理を手伝ってくれる。これでは落ち着きませんよね」と、冗談交じりで語っている（『蔡英文』）。だが、WTO加盟などの国際交渉とはまた違う意味で、中国を相手に交渉することの大変さを感じ取ったはずだ。

宰振甫の風格

この訪中で蔡英文の心に刻まれたのは、中国側のさまざまな駆け引きにも動じない宰振甫の風格だった。訪中団の行動は細かくシナリオが出来上がっていたのだが、時折、ハプニングもあった。

開館間もない上海博物館を訪れた時のことだ。館内を見終わって辜振甫がメディアに感想を語ったところで、博物館側から突然、地下の特別展示場に案内された。案内役の館長が「当博物館の宝」として、元代の画家・王冕《おうべん》の「墨梅図」を取り出して見せた。台湾側に中国の文化水準の高さを誇って心理的に優位に立とうとした行動だったとみられるが、予定にはなく、団員は慌てた。ところが、辜は館長が説明を始めるとすぐ引き取って、王の画風や絵の特徴、主要な作品などを一気にしゃべった。機先を制された館長はいまいましげに、館員に絵をしまわせた。

経済だけでなく、文化や歴史にも造詣が深かった辜振甫・元海峡交流基金会理事長（1999年4月30日、台北市にて）

北京大学を視察し、構内に建てられた清朝末期の思想家で同大学学長を務めたこともある厳復《げんふく》の銅像を見に行った時にも、想定外の出来事が待ち受けていた。厳は辜振甫夫人の祖父に当たり、夫人も訪中団に参加していた。銅像の前には大きなテーブルが置かれ、その上に毛筆と硯が用意されており、大学の係員が辜に「詩を一首お詠みいただくのが慣例になっています」と促した。団員は焦ったが、辜は笑って筆に墨を染み込ませ、流麗な筆さばきであっという間に一首したため、居並ぶ者たちを感嘆させた。

こうした辜振甫の振る舞いについて、蔡英文は「中国人が熟知するやり方を用いながら全く違った意見を表明する手法は交渉技術の極致であり、ほとんど芸術の境地に達している」と回想している（『蔡英文』）。

辜振甫は二〇〇五年一月三日、八七歳で死去した。私は生前、何度か取材したことがある。台北市の国家戯劇院で京劇を観劇していて辜と鉢合わしたこともあったが、幕間にあいさつに行くと、上品な日本語で上演中の劇について解説してくれた。経済人としても一流だが、文化や歴史についての造詣の深さは格別で、語学力の水準の高さも並みではない。蔡英文の辜に対する賛辞には、辜と接したことのある人なら誰でも共感するだろう。

海基会訪中団に加わったことで、蔡英文は中台間の駆け引きの舞台裏までのぞき見ることになった。一筋縄ではいかない中国を相手にどう立ち回ればいいのか、辜振甫が蔡に残したものは大きかった。

「二国論」を起草

海基会訪中団での活躍で、蔡英文に対する李登輝の評価はますます高まった。一九九八年末、東南アジアを旅行していた蔡に李の側近から電話があり、中華民国の地位強化に関する研究をしてもらいたいという依頼があった（『朝日新聞』二〇一六年六月九日朝刊）。

当時は、台湾の国際的地位が揺らいでいた時期だった。第Ⅰ章で触れたように、一九九八年六月に訪中したクリントン米大統領が「台湾が国際機関に加盟することを支持しない」などの「三つの不支持」を表明したことで、台湾は孤立化を深めていた。危機感を抱いた李登輝は、国際法の専門家六、七人からなる「中華民国の主権を強化する小グループ」を結成し、蔡英文をその責任者に指名した。蔡は英国に派遣され、現地の学者に「台湾は主権独立国家かどうか」と尋ねて回ったこともある。

一九九九年五月、最初の研究報告が完成し、蔡英文が李登輝に提出した。報告書の前言には「一九九一年以降、憲法修正を繰り返した結果、両岸は少なくとも『特殊な国と国の関係』になった」と記されていた（鄒景雯《すうけいぶん》『李登輝執政告白実録』印刻出版、邦訳『李登輝闘争実録　台湾よ』産経新聞ニュースサービス）。

李登輝がこの研究報告を基に一九九九年七月、ドイツ放送局のインタビューで、後に「二国論」と呼ばれる「両岸は特殊な国と国の関係」という見解を表明し、中国が猛反発して中台関係が緊迫したことは、既に紹介した。「二国論」はグループの研究の本質ではなかったが、李がこの見解を事前に誰にも知らさずに公表し、国際的な騒動となったことで、グループの研究も棚上げされてしまう。「二国論」自体も、李の総統退任に伴って語られなくなった。蔡英文もその後は「二国論」を封印しているが、「あの『二国論』を起草した中心人物」という中国の見方が消えることはないだろう。

三　陳水扁政権時代の教訓

1.「中国を挑発しない」姿勢を貫く

変わらず善意を示す

「両岸は互いに挑発せず、不測の事態を避け、対等な立場で交流の道を探ることに最大限の努力をしなければならない」。二〇一六年一月一六日夜、蔡英文は台北市内の民進党本部前で行った総統選挙の勝利宣言で、こう訴えた。独立色を極力抑えた演説は、八年間政権奪還を待ちわびた民進党支持者には物足りなかったかもしれない。だが、蔡はあくまで冷静で大げさに感情を表すことなく、中国と支持者の双方にこれから進むべき方向を説いた。

その後も、蔡英文の「中国に善意を示す」という方針は変わっていない。五月二〇日の就任演説で、「一つの中国」の原則を前提とする「九二年コンセンサス」には直接触れなかったものの、双方が一九九二年に「共通の認知と理解」に達した歴史的事実を尊重すると明言したことは前述した。これに対し、中国は蔡が「九二年コンセンサス」を認めないことを理由に対話を打ち切った。

だが、蔡英文は中華民国の建国記念日に当たる一〇月一〇日の「双十節」（辛亥革命記念日）式典の演説でも「予測可能で持続可能な両岸関係を構築し、台湾の民主と台湾海峡の平和的現状を維持することが政府の揺るぎない立場だ」と強調し、「両岸の平和的発展と人民の福祉に役立つなら、どんなことでも話し合うことができる」と中国に対話を呼び掛けた。一二月三一日に行った内外メディアとの懇談でも、中国について「台湾を分断し、圧力をかけ、脅しをかける以前のやり方に戻りつつある」と批判しながらも、「新たな思考と方法で、両岸相互交流の新方式を共同で作ろう」と訴えた（『朝日新聞』二〇一七年一月一日朝刊）。

こうした蔡英文の中国に対する低姿勢は、同じ民進党の陳水扁政権時代の教訓を胸に刻んでいるからに違いない。蔡は陳政権で、大陸委員会主任委員（二〇〇〇～二〇〇四年）と行政院副院長（副首相、二〇〇六～二〇〇七年）として、二度入閣している。

陳水扁は対中強硬策に転換

台湾初の政権交代によって総統に就任した陳水扁は、独立派だとして中国から警戒されたが、選挙戦の時から、国民党と共産党の枠組みにとらわれない新たな形の中台対話を提案していた。

二〇〇〇年五月二〇日の総統就任演説では、「中国が台湾に武力行使をする意図を持たない」という前提の下、①独立を宣言しない、②「二国論」を憲法に盛り込まない、③統一か独立かなど現状変更を問う住民投票はしない、④国名（中華民国）を変えない——という「四つのノー」と「国家統一綱領と国家統一委員会を廃止するという問題は存在しない」の「一つのナッシング」を提起し、急進的な独立路線を歩まないことを国際社会に公約した。その後も、陳水扁は「九二年コンセンサス」を認めるかのような発言をするなど中国に融和的な姿勢を続けたが、中国は陳が「一つの中国」の原則を受け入れないと非難し、一切の対話に応じなかった。

堪忍袋の緒を切らしたかのように、陳水扁は一期目の任期半ばごろから一転して独立色の濃い政策を相次いで打ち出し、中国との対立路線に突き進んでいく。二〇〇二年八月に、「中台は別々の国」と定義した「一辺一国論」を提起し、二〇〇三年から発給を始めた新しいパスポートの表紙に「ＴＡＩＷＡＮ」の英語表記を加えた。

二〇〇六年三月には、就任演説での約束に反して、国家統一綱領と国家統一委員会を事実上廃止する。退任直前の二〇〇八年三月になって、総統選挙と同時に「台湾」名義での国連復帰を問う住民投票を実施したが、規定の投票率に届かず、不成立となった。実現はしなかったものの、在任中、新憲法制定にも度々言及し、中国を刺激した。

対米関係悪化の失敗を繰り返さない

こうした陳水扁の対中強硬姿勢の背景には、内政のつまずきによる失地回復を図ろうという思惑もあった。経験不足の上、立法院で少数派だった陳政権は、災害対策や原発政策などで失政が続き、支持率低下にあえいでいた。

陳水扁が中国に挑発的な態度に出ると、日頃から中国の圧力に反感を持っている住民には鬱憤晴らしとなり、一時的に支持率は上がった。中国の激烈な反応を招くところまでは陳の計算通りだったが、米国も敵に回してしまったのは誤算だった。例えば、陳が二〇〇四年三月の総統選挙に合わせ、台湾を標的とするミサイルの撤去を中国に求めるかどうかなどを問う住民投票実施計画をぶち上げると、二〇〇三年一二月に訪米した中国の温家宝《おんかほう》首相と会談したブッシュ大統領（子）は「台湾の指導者が一方的に現状を変えようとする言動には反対する」と抑えにかかった。結局、陳政権は住民投票を実施したものの、設問を「中国のミサイルに対する防衛強化に賛成か」など当たり障りのないものに変えた。

また、陳水扁政権が国家統一綱領と国家統一委員会の廃止を検討した際には、米国務省が「台湾の独立を支持せず、一方的な現状の変更に反対する」との声明を発表した。これを受け、陳政権は「廃止」ではなく「終止（運用終了）」という表現にトーンダウンさせた。当時、米国は北朝鮮の核問題を巡る六カ国協議で中国の協力を必要としており、中国に配慮せざるを得ない事情があった。こうした米国の台湾に対する牽制は、中国では「以美制台（米国をもって台湾を制する）」と呼ばれた。

蔡英文は二〇〇三年一一月、米国政府に住民投票について説明するためワシントンに派遣されるなど、米台摩擦の矢面に立たされた。こうした経験を通じて、蔡は中台関係が悪化すれば、米台関係もうまくいかないことを痛感したはずだ。最高指導者となっても、蔡が中国を挑発しない方針を貫いているのは、陳水扁政権の失敗を繰り返してはならないと肝に銘じているからだろう。

2. 大陸委員会主任委員の経験

リスクを管理して対中投資開放

陳水扁政権で大陸委員会主任委員として中国と向き合った蔡英文は、「小三通」の実現以外にも多くの仕事をこなした。第Ⅵ章で紹介したように、陳政権は対中経済政策を李登輝時代の「戒急用忍」から「積極開放、有効管理」に変更して積極開放路線にかじを切ったが、蔡はそこでも重要な役回りを演じている。

その方針を決めた経済発展諮問会議は、複雑に利害が対立する官民各層を集めてコンセンサスを築き、台湾経済の発展の方向を定めるのが狙いだった。五つの分科会の中で最も注目を集めたのが、大陸委員会が担当した両岸分科会である。蔡英文は関係者との折衝を重ね、三六項目から成る合意をまとめ上げた。

対中積極開放の方針を決めたことで、蔡英文が直面した難題が、ウエハー口径が八インチの半導体の対中投資を許可するかどうかだった。当時、台湾の半導体業界では、八インチウエハーより高度な技術を必要とする一二インチウエハーが主流になりつつあったことから、八インチウエハーの対中投資解禁を求める声が高まっていた。

これに対し、李登輝が主導して民進党と連携する台湾団結聯盟（台聯）は、技術流失や産業空洞化を招くとして激しい反対運動を繰り広げた。賛成派と反対派の間で妥協点を探るのは容易ではなく、取り扱い方を誤ると、与党連合が瓦解する危険性もある。この問題は「積極開放、有効管理」政策の試金石となった。

台湾の半導体産業の将来をも左右する重いテーマを判断するに当たって、蔡英文は、企業の中国進出は禁止しないが、リスクは綿密に検討し、管理できる範囲で開放するという基本的な態度を決めた。結局、一二インチ工場は台湾に残し、中国に建設するのは三工場までとする条件を付け、八インチ工場の対中投資を認めた。これは「総量管理、技術優先」のモデルケースとなり、台湾積体電路製造（ＴＳＭＣ）に代表される台湾の半導体メーカーは現在も最先端の技術を誇り、高い競争力を維持している。

中国メディアの台湾長期滞在を許可

大陸委員会主任委員として、蔡英文が下した難しい決断はまだある。中国の記者に最長一カ月の台湾長期滞在を許可したことだ。中国のメディアは毎月記者を交代させれば、常駐に近い体制で取材をすることができるようになった。

中国でメディアは「共産党の喉と舌（宣伝機関）」という位置付けである。『人民日報』や『新華社』など国営メディアは共産党の直属機関であり、中台間の「情報戦」という観点から、中国メディアの長期滞在に反対する声もあった。

二〇〇一年二月八日、第一陣として、『新華社』の記者二人が台湾に着任した。香港マカオ台湾編集部の范麗青《はんれいせい》副主任と陳斌華《ちんひんか》記者で、ともに福建省出身のため、台湾語（閩南語）が話せた。到着時も台湾メディアの取材に台湾語で答え、場が和んだ。取材場所は原則として台北に限られるなど一定の制限はあったが、二人は総統府や行政院の記者会見にも参加が許され、それまでの短期取材ではできなかった幅広い報道を繰り広げた。

しかし、中国メディアとしての限界もあった。二〇〇一年四月の李登輝前総統訪日に当たり、台湾で李訪日に反対する統一派の声を伝え、それがあたかも台湾全体の意見かのように報じたのである。李訪日を巡っては、中国が「李は独立派の黒幕」と強く反発する中、当時の森喜朗政権が圧力をはねのけてビザを発給した経緯があった。台湾内で、中台関係の悪化を危惧して反対の声があったのは事実だが、主流の意見ではなく、多くの人は前総統の訪日は快挙として喝采を送っていたのだった。

そうした報道に対し、台湾でメディアを管轄する行政院新聞局などで「あまりに偏っている」との批判も高まったが、中国メディアの実情が明らかになることで、台湾の言論の自由が浮き彫りになるといった側面もあった。

范麗青は二〇〇七年に国台弁に移り、初の女性報道官として二〇一五年まで記者会見を取り仕切り、台湾に情報を発信する役目を担った。身を持って台湾を理解する報道官として話題を呼んだが、有効にコントロールしながら交流は絶やさないという蔡英文の理念は、思わぬ副産物も生み出した。

逃亡軍人の帰郷は認めず

一方で、蔡英文が非情な面を見せたこともあった。

一九七九年、台湾軍の兵士として金門島に派遣されていた林毅夫《りんきふ》が泳いで海を渡り、中国に逃亡した。林は中国で経済学を学び、北京大学の著名な教授になる。朱鎔基首相のブレーンとして知られ、中国人として初めて世界銀行副総裁を務めた。台湾軍は、軍のメンツや士気に配慮して、最終的には行方不明者として処理していた。

台湾に住む林毅夫の父親が二〇〇二年に亡くなり、林が葬儀参列のため台湾当局に一時帰郷を申請した。台湾の世論は林に同情的で、民進党の中にも人道的立場から許可すべきだとの声が少なくなかった。だが、国防部は機密漏洩の疑いを捨てておらず、林が台湾に戻れば、法的責任を追及する方針を表明した。中国との関係改善には、林の一時帰郷許可はプラスに働くだろう。しかし、軍は、敵前逃亡を認めると規律が保てなくなると主張した。

この難しい一件で調整役となった蔡英文は、国に反逆して逃亡した軍人が、時間が経ったからといって「政治的思惑」によって特別扱いで台湾に戻れるのでは、軍令などないも同然だと考え、軍を支持した（『蔡英文』）。結局、林毅夫に一時帰郷許可は下りなかった。蔡には、自分で決めた一線は絶対に譲らない頑固さがある。

3. 元部下や識者が語る蔡英文の人物像

高い調整能力

蔡英文と一緒に仕事をしたことがある者は、蔡という人物やその対中政策をどう見ているのだろうか。第Ⅳ章で、習近平について語った二人に再登場してもらおう。

林中斌・元台湾国防部副部長は一九九六年から二〇〇二年まで大陸委員会副主任委員を務め、最後の二年間、蔡英文主任委員の下で働いた。林は、蔡が主任委員に就任する時のことを「ほとんどの関係者は、蔡は両岸関係に関する経験がないので、長くは続かないだろうと見ていた。民進党担当の記者の多くも、半年は持たないだろうと私に言っていた」と振り返った。

上司として間近に接した蔡英文について、「表向きは弱々しく見えるが、芯は強い。過小評価してはいけない」と強調し、「調整能力がずば抜けて高い。これは、（政治家にとって）非常に大きな財産だ」と指摘した。蔡のリーダーシップで、「小三通」が実現したことは第Ⅱ章で詳述したが、これについて、「大陸委員会は小さな役所で、職員も予算も少ない。しかし、蔡は弱音を吐かず、経済部や内政部などはるかに大きい官庁を巻き込んで調整し、短期間でやり終えた」と評価した。

政治家としては、蔡英文は新北市長選挙（二〇一〇年）と総統選挙（二〇一二年）で二度の敗北を経験したが、そこから得たものが大きいという。「二度の挫折から、蔡は危険な所には行かず、危険な話はしないことを学んだ」と語り、それが中台関係の「現状維持」路線につながったと分析した。学者出身の蔡は従来の政治家と違って、地位に固執しないタイプに見られがちだが、「政治家というものは、当選すると、その瞬間から再選を意識するものだ。蔡も二〇一六年の総統選挙で当選すると、次の二〇二〇年の選挙をいかに勝ち抜くかを考えるに違いない」と断言した。

世界情勢に詳しいのが強み

陳明通・台湾大学国家発展研究所所長も二〇〇〇年から二〇〇四年まで、蔡英文主任委員の下で副主任委員を務めた。蔡は自伝『洋蔥炒蛋到小英便當』で、「陳明通副主任委員は人とコミュニケーションを取って一緒にやっていくのが好きで、国会やメディアの対応、内部の事務管理などをうまくこなしてくれた」と感謝の意を表している。

蔡英文の強みについて、「国際貿易の専門家で、世界情勢に詳しいこと」を挙げ、それが際立った例として、二〇一〇年四月に行われたＥＣＦＡを巡っての馬英九総統とのテレビ討論に言及した。このテレビ討論で、蔡は、中国との交渉では台湾がイニシアチブを取らなければならず、焦らず、多国間体系の傘の下を離れてはならない、と説いた。陳明通は「当時は、バラ色の将来像を語った馬に軍配を上げる見方が大勢だったが、現状を見ると、蔡の指摘は全て正しかった」と説明した。

また、蔡英文が大陸委員会主任委員として、八インチウエハー半導体の対中投資を条件付きで認めたことについて、「ある大手半導体メーカーの会長は毎日のように蔡を非難していたが、蔡は方針を変えなかった。これで、リスクを管理しながら開放し、国家の安全と経済的利益のバランスを取る手法を覚えた」と指摘した。さらに、「中国市場は依然として重要だが、世界で唯一の市場ではない。進出先を東南アジアなどに広げ、多様化を図るだろう」と述べ、蔡が「新南向政策」を進めることを的確に言い当てた。

立場で異なる評価

元部下以外の識者たちの見方はどうだろうか。張五岳・淡水大学中国大陸研究所所長は、陳水扁と蔡英文を比較し、「陳は国民党一党支配時代の反政府運動の中から出てきたが、蔡は国民党政権下で優秀な幕僚を養成する体制で見いだされた。陳が支持者の方だけを向き、他の意見は受け付けなかったのに対し、蔡は周囲のアドバイスに耳を傾け、方向性を決めてから動くタイプだ」と分析した。

識者でも、蔡英文とは対中政策で大きな距離がある郭俊次・海峡両岸和平統一促進会会長や郁慕明・新党主席の見解はまた違う。郭は、蔡について「陳水扁のように、台湾独立を声高に叫んだり、法理上の独立を日指したりしない点は評価できるが、ソフトなやり方で台湾独立を進めようとしているのは間違いない」と指摘した。一方で、「先ごろ訪中した柯文哲《かぶんてつ》・台北市長は、『九二年コンセンサス』について『理解し、尊重する』と述べた。蔡がこうした柔軟な姿勢を示すことができるなら、民進党主席の肩書で習近平・共産党総書記と会談する可能性もある」と大胆な予測も披露した。

郁慕明は「蔡英文は両岸関係について『現状維持』と言っているが、それは馬英九政権下の『現状』と同じではない。中国の国力は増しており、譲歩するはずがなく、台湾に強い態度に出るだろう」と厳しい口調で語り、「蔡政権下で、両岸関係は後退する」と断言した。

立場によって蔡英文に対する見方が異なるのは当然だが、蔡の実務能力や調整能力に対する評価の高さは共通している。その能力を存分に発揮して、強大化した中国とそのリーダー、習近平と渡り合っていくことができるか。

二〇〇〇年代初めの「小三通」以来の因縁で結ばれた蔡英文と習近平に、大見えを切って加わってきたトランプを交じえた新しい「三国志」は幕を開けたばかりだ。そして、その結末が台湾の将来を決定付ける。

参考文献

【中国語】

華新天『習近平二十年大戦略』南風窗出版社、二〇一四年
紀大可『習近平的方向』領袖出版社、二〇一五年
台湾行政院大陸委員会編著『台湾地区與大陸地区人民関係條例曁両岸歴次協議（含香港澳門関係條例）』台湾行政院大陸委員会、二〇一四年
呉密察監修　遠流台湾館編著『台湾史小事典』遠流出版事業、二〇〇〇年
黄年『蔡英文繞不繞得過中華民国　杯子理論與両岸未来』遠見天下文化出版、二〇一五年
蔡英文『洋蔥炒蛋到小英便當――蔡英文的人生滋味』圓神出版社、二〇一一年
蔡英文『英派：點亮台湾的這一哩路』圓神出版社、二〇一五年
《習仲勳傳》編委会編『習仲勳傳』（上下巻）香港中和出版、二〇一四年
徐斯儉主編『習近平大棋局　後極権轉型的極限』左岸文化、二〇一六年
鄒景雯『李登輝執政告白実録』印刻出版、二〇〇一年
蘇起『両岸波濤二十年紀実』遠見天下文化出版、二〇一四年
中共中央宣伝部『習近平総書記系列重要講話読本』学習出版社、人民出版社、二〇一四年
中国国務院新聞弁公室、中国共産党中央文献研究室、中国外文出版発行事業局『習近平談治国理政』外文出版社、二〇一四年
張瀞文『蔡英文　從談判桌到総統府』城邦文化事業、二〇一五年
鄭佩芬『近看両蔣家事與国事：一九四五～一九八八軼事見聞録』時報文化出版企業、二〇一七年
童振源、李暁荘主編『面対：民進党菁英的両岸未来』時報文化出版企業、二〇一五年
范世平『習近平対台政策與蔡英文之挑戦』博誌文化、二〇一五年
余杰『中国教父習近平』前衛出版社、二〇一四年

李光耀『李光耀観天下』遠見天下文化出版、二〇一四年
梁剣『習近平新傳』明鏡出版社、二〇一二年
林孝庭『台海・冷戦・蒋介石：解密档案中消失的台湾史1949―1988』聯経出版事業、二〇一五年

【日本語】

朝日新聞中国総局『紅の党　習近平体制誕生の内幕』朝日新聞出版、二〇一二年
石田浩『〔第2版〕台湾経済の構造と展開　台湾は「開発独裁」のモデルか』大月書店、二〇〇三年
何清漣、中川友訳『中国の闇――マフィア化する政治』扶桑社、二〇〇七年
加藤隆盛、竹内誠一郎『習近平の密約』文春新書、二〇一三年
川島真『21世紀の「中華」――習近平中国と東アジア』中央公論新社、二〇一六年
河原昌一郎『米中台関係の分析――新現実主義の立場から――』彩流社、二〇一五年
工藤哲『中国人の本音　日本をこう見ている』平凡社新書、二〇一七年
ケント・E・カルダー　ライシャワー東アジア研究センター監修・監訳『ワシントンの中のアジア――グローバル政治都市での攻防』中央公論新社、二〇一四年
阮銘、廖建龍訳『共産中国にしてやられるアメリカ』草思社、二〇〇六年
呉密察原著監修　遠流台湾館編著　横澤泰夫編訳『台湾史小事典』中国書店、二〇〇七年
江丙坤、財団法人中日文教基金会監修『日台の架け橋として　居之無倦、行之以忠』日本工業新聞社、二〇一六年
近藤伸二『台湾新世代――脱中国化の行方』凱風社、二〇〇三年
蔡英文、前原志保監訳、阿部由理香、篠原翔吾、津村あおい訳『蔡英文　新時代の台湾へ』白水社、二〇一六年
蔡英文、劉永毅構成、前原志保訳『蔡英文自伝　台湾初の女性総統が歩んだ道』白水社、二〇一七年
佐藤伸行『ドナルド・トランプ　劇画化するアメリカと世界の悪夢』文春新書、二〇一六年
ジェームズ・リリー　西倉一喜訳『チャイナハンズ』草思社、二〇〇六年
塩沢英一『中国人民解放軍の実力』ちくま新書、二〇一二年

柴田哲雄『習近平の政治思想形成』彩流社、二〇一六年
朱炎『台湾企業に学ぶものが中国を制す』東洋経済新報社、二〇〇五年
ジョン・J・タシク・ジュニア編著、小谷まさ代、近藤明里訳『本当に「中国は一つ」なのか』草思社、二〇〇五年
鄒景雯、金美齢訳『李登輝闘争実録　台湾よ』産経新聞ニュースサービス、二〇〇二年
相馬勝『対日戦争を仕掛ける男　習近平の野望』幸福の科学出版、二〇一二年
中国国務院新聞弁公室、中国共産党中央文献研究室、中国外文出版発行事業局『習近平　国政運営を語る』外文出版社、二〇一四年
張瀞文、丸山勝訳『蔡英文の台湾　中国と向き合う女性総統』毎日新聞出版、二〇一六年
中澤克二『習近平の権力闘争』日本経済新聞出版社、二〇一五年
21世紀中国総研編『中国情報ハンドブック［二〇一六年版］』蒼蒼社、二〇一六年
野嶋剛『台湾とは何か』ちくま新書、二〇一六年
服部龍二『日中国交正常化』中公新書、二〇一一年
ピーター・ナヴァロ、赤根洋子訳『米中もし戦わば　戦争の地政学』文藝春秋、二〇一六年
平松茂雄『台湾問題――中国と米国の軍事的確執』勁草書房、二〇〇五年
福田円『中国外交と台湾――「一つの中国」原則の起源』慶應義塾大学出版会、二〇一三年
峯村健司『十三億分の一の男　中国皇帝を巡る人類最大の権力闘争』小学館、二〇一五年
三船恵美『中国外交戦略　その根底にあるもの』講談社選書メチエ、二〇一六年
毛利一『台湾海峡紛争と尖閣諸島問題――米華相互防衛条約　参戦条項にみるアメリカ軍』彩流社、二〇一三年
安田淳、門間理良編著『台湾をめぐる安全保障』慶応義塾大学出版会、二〇一六年
矢吹晋『中国の権力システム　ポスト江沢民のパワーゲーム』平凡社新書、二〇〇〇年
山本勲『中台関係史』藤原書店、一九九九年
林満紅、ジェイク・コーポレーション『台湾海峡　両岸経済交流史』財団法人交流協会、一九九七年
渡辺利夫、朝元照雄編著『台湾経済読本』勁草書房、二〇一〇年

あとがき

世界を二分した東西冷戦が終結して、もうすぐ三〇年になる。もはや歴史の一こまになった感もあるが、資本主義陣営と社会主義陣営が対峙するという冷戦構造は、アジアでは朝鮮半島と台湾海峡で固定化されたまま残っている。

このうち朝鮮半島情勢の方は、米国でトランプ政権がスタートしてから、大きく動き出そうとしている。トランプ政権は北朝鮮に核・ミサイル開発を断念させるため、近海に空母を派遣するなど軍事的な圧力をかける一方、対話に応じる構えも見せている。

米本土が射程に入る大陸間弾道ミサイル（ＩＣＢＭ）の実戦配備が現実味を帯びてきたという事情があるにしても、北朝鮮が先に非核化に向けた具体的な行動を起こさない限り、対話には応じないという「戦略的忍耐」政策を貫いたオバマ前政権とは明らかに異なる対応である。国際社会が経済制裁以外に有効な手立てを講ずることができない間に、北朝鮮が核保有に邁進するという従来の図式は覆される可能性が出てきた。

核実験やミサイル発射など挑発的な行為を繰り返す北朝鮮を日米韓が連携して抑えにか

かり、中国にも協力を求める構図は分かりやすい。それに比べて、もう一つの冷戦の残滓である台湾海峡情勢は、日本人には理解しにくいかもしれない。米国と中国は時に激しくぶつかったかと思えば、時に蜜月ぶりを見せ付ける。中国と台湾も政権によって、交流が活発になったり、対話が途絶えたりする。米国と台湾の関係も、米中関係のあおりを受けて、近付いたり離れたりする。

そんな米中台関係をウオッチするようになって、もう二十数年が過ぎた。この間、台湾は劇的な変化を遂げた。私が新聞記者として取材を始めた一九九〇年代は、台湾の選挙といえば「統一か独立か」を最大のテーマに、与野党で激しい議論が戦わされたものだ。だが、総統選挙や立法委員選挙を重ねるうちに、台湾の人々は自らの将来について一つの到達点を見いだした。それが、蔡英文が掲げる「現状維持」である。

二〇一六年一月の台湾総統選挙を今回も現地で取材したが、これほど結果が見通せて、静かな選挙は初めてだった。「現状維持」という点においては、民進党の支持者も国民党の支持者も一致しており、かつてのような社会を挙げての激論は必要なくなったからだろう。

総統選挙の際、話題になっていたのが「天然独」と呼ばれる若者たちの存在だった。民主化が定着した一九九〇年代以降に生まれ、「台湾は独立した国家」と当たり前に受け止めている若年層を指す。この層には、もとより中国との統一という選択肢はない。そんな世代がこれから社会の中枢を占めていくことを考えれば、将来、誰が総統の座に就こうとも、「現状維持」の方向性が大幅に変わることはないはずだ。

だが、それで台湾を取り巻く環境が安定し、平穏になったわけではない。中国は台湾統一という目標を放棄していないからである。台湾からすれば、米中二大国の動きを注意深く観察し、うまく立ち回っていかなければ、存続すら危うくなる。そうした状況の中で、私が長年の取材を通じて実感したのは、米中台関係はやはり、その時々の指導者や政権によって左右されるという事実である。トランプの登場で、くしくもそれがクローズアップされることになった。本書は、各リーダーが演じる真剣勝負が、関係する人々の運命を決めるという冷徹な現実を描き出すことに努めたが、米中台関係や台湾に関心を持つ人々に少しでも役立つなら本望である。

本書では、原則として文中の登場人物は敬称を略し、肩書は取材当時のものを記している。台湾と中国の人名には初出に平仮名で、韓国の人名には片仮名で日本語読みのルビを付けた。外国通貨の円換算は初出に、一米ドル＝一一二円、一人民元＝一六円、一台湾ドル＝三・七円の為替レートで計算した金額を表示した。写真は出所を示したものを除いて、全て私が撮影したものを使用している。

私自身について言えば、二〇一四年に新聞記者から大学教員に転身して以来、本書が初めての単著となる。研究者という立場になったといっても、自分のスタイルが急に変わるはずもない。現場に足を運び、関係者から話を聞いて、ようやく確信を持って原稿が書けるという点においては、記者時代といささかの違いもない。

本書を執筆するに当たっても、現場取材は欠かせなかった。台湾の取材では、現地在住のジャーナリスト・本田善彦さんと、私が新聞社の台北特派員時代の助手だった劉汝眞《りゅうじょしん》さんに大変お世話になった。中国福建省の取材は、アモイ出身の胡金定《こきんてい》・甲南大学教授の協力なしには実現できなかった。それぞれ深く感謝したい。

勉誠出版の萩野強さんには、共著の「交錯する台湾認識——見え隠れする『国家』と『人びと』」に続いて、編集を担当していただいた。「反中・嫌中」以外の中国関連本の刊行が難しいと言われる中、本書の出版に力を尽くしていただき、適格なアドバイスもいただいた。心からお礼を申し上げたい。

二〇一七年　六月

近藤伸二

【著者紹介】

近藤伸二（こんどう・しんじ）

1956年、神戸市生まれ。

1979年、神戸大学経済学部卒業、毎日新聞社入社。香港支局長、台北支局長、大阪本社経済部長、論説副委員長などを歴任。1994~1995年、香港中文大学に留学。2014年より追手門学院大学経済学部教授、2017年に同大学オーストラリア・アジア研究所長兼任。

主著書に『交錯する台湾認識―見え隠れする「国家」と「人々」』（共著、勉誠出版、2016年）、『アジア実力派企業のカリスマ創業者』（中公新書ラクレ、2012年）、『反中vs.親中の台湾』（光文社新書、2008年）、『続・台湾新世代―現実主義と楽観主義』（凱風社、2005年）、『台湾新世代―脱中国化の行方』（凱風社、2003年）などがある。

米《べい》中《ちゅう》台《たい》　現《げん》代《だい》三《さん》国《ごく》志《し》

2017年8月3日　初版発行

著　者　近藤伸二
発行者　池嶋洋次
発行所　勉誠出版 株式会社

〒101-0051　東京都千代田区神田神保町3-10-2
TEL：(03)5215-9021(代)　FAX：(03)5215-9025

〈出版詳細情報〉http://bensei.jp

印刷　平河工業社
製本　若林製本工場

ISBN978-4-585-23059-5　C0031